L'ART DE LA GUERRE

POUR LES LEADERS

Titre original : *The Art of War – Guide to Business Leadership*
Publié pour la première fois en anglais par Arcturus Publishing Limited.
26/27 Bickels Yard, 151-153 Bermondsey Street, London SE1 3 HA

Traduit de l'anglais par Laurence Seguin.

ISBN : 978-2-35456-787-3

www.diateino.com
contact@diateino.com
fr.linkedin.com/company/diateino
@diateino
@editions_diateino

DOMINIC HALE

L'ART DE LA GUERRE POUR LES LEADERS

Adaptez les principes de Sun Tzu
à vos techniques de management
pour faire évoluer votre entreprise

diateino

Sommaire

Préface

L'Art de la guerre, texte qui fait autorité en matière de stratégie, compte Napoléon, Mao Zedong et même Paris Hilton parmi la longue liste d'admirateurs emblématiques qui ont étudié ses précieuses paroles de sagesse. Datant de la Chine antique et considéré comme un ouvrage clé pour réussir, cet ensemble quasi biblique de commandements en matière de stratégie militaire, de gouvernance et d'organisation offre la promesse de paver la voie vers le succès à ceux qui appliquent ses préceptes avisés. À l'époque moderne, sa rhétorique précise transcende le champ de bataille, les capitaines d'industrie et les chefs de file de toutes sortes y trouvant une trajectoire brillamment éclairée vers la victoire. De fait, *L'Art de la guerre* recèle des vérités éternelles et fondamentales qui permettent de prendre des décisions et guident la quête vers une position d'excellence, quelle que soit l'arène où s'affrontent les êtres humains.

Par conséquent, qui devons-nous remercier pour ce manuel de savoir-faire et de savoir-être et comment son auteur connaissait-il toutes ces choses ?

Alors que *L'Art de la guerre* était traditionnellement vu comme l'œuvre d'un seul homme, Sun Tzu, des spécialistes ont remis ce postulat en question, avançant l'hypothèse que l'ouvrage serait un recueil de nombreux auteurs. Cependant, étant donné que ce livre concis remonte au VIe siècle avant J.-C., il n'est pas surprenant que personne n'ait trouvé de preuve définitive dans un sens comme dans l'autre. L'auteur de ces lignes estime que c'est le message et sa mise en œuvre, plutôt que l'homme, qui nous intéressent avant tout et qu'il n'y a guère de raison de douter premièrement de l'existence de Sun Tzu, et deuxièmement, à tout le moins, de sa contribution majeure à l'écriture de *L'Art de la guerre*.

Ce que nous pouvons affirmer, c'est que le texte est écrit par un Léonard de Vinci de l'époque, aux talents multiples et à la fois écrivain, philosophe, général et stratège. Quelqu'un qui, de plus, semble avoir contenu le côté sombre et le côté clair de sa personnalité dans une parfaite harmonie yin yang, sans que ni la passivité ni le caractère belliqueux ne prennent l'ascendant. Ainsi, il n'édicte pas un ensemble de règles militaires ordinaires mais il englobe la condition humaine dans son ensemble et cherche à la guider.

Ayant vécu, selon la légende, sous le règne des Zhou de l'Est de la Chine antique, Sun Tzu, ou « Maître Sun », est communément considéré comme un théoricien militaire qui serait venu à la cour de Helü, roi de Wu, et qui aurait revitalisé ses armées. Peu après, celles-ci ont été capables de défier leurs rivales qui étaient jusqu'alors totalement hors de leur portée.

En tant que commandant en chef, Sun Tzu aurait attiré l'attention sur ses nombreux succès militaires en démontrant l'efficacité de ses théories. Son expérience personnelle apporte au texte une conviction indéfectible qui est visible dans l'ensemble de l'ouvrage et contribue à convaincre le lecteur de manière profonde. Une telle conviction était radicale à l'époque de l'écriture du traité mais ses commandements pleins d'assurance et complets continuent à enthousiasmer près de 2 500 ans plus tard.

Il n'en demeure pas moins que les guerres de toutes sortes se déclenchent habituellement sur un coup de sang, une rage pleine de testostérone qui perd de vue l'objectif global et cherche les démonstrations de force et la destruction à tout prix, uniquement concentrée sur l'affirmation de sa domination. Or Sun Tzu nous montre une autre voie, plus efficace, qui privilégie une approche holistique, diplomatique, stratégique et psychologique du conflit. Elle sert à préserver les ressources et à soumettre un ennemi sans aller au combat. Pour les Occidentaux enchantés par cette expression inhabituelle, la tonalité taoïste omniprésente – et par conséquent importée dans la pensée occidentale – insuffle au texte des concepts comme la patience et l'acceptation. Concepts qui enthousiasment, trouvent un écho et une application universelle chez l'Homme.

Par conséquent, *L'Art de la guerre* est devenu un guide essentiel pour tout type de leader. Sa lecture est obligatoire pour le personnel américain des renseignements militaires. Les politiciens du monde entier, naviguant dans les couloirs du pouvoir, ne peuvent se dispenser de le lire. Pour les dirigeants en place et ceux qui aspirent à le devenir, l'ouvrage constitue le manuel d'instructions ultime qui montre comment prendre de l'avance et la garder.

Puisqu'il défend les mérites d'une évaluation approfondie, d'une planification, de la capacité à s'adapter et à déployer des subterfuges, d'une exécution rapide après avoir défini un plan d'action, Sun Tzu a souvent été comparé à Nicolas Machiavel, l'autre maître ès ruse qui, deux millénaires plus tard, a exposé sa stratégie pour atteindre des objectifs. Pourtant, Machiavel fait preuve de noirceur et de cruauté car il croit dans le caractère inévitable de la guerre et préconise une approche par la manipulation, sans aucun contrôle, pour obtenir le succès à tout prix. À l'inverse, Sun Tzu prône une approche plus mesurée, où l'action, si elle est nécessaire, doit être maîtrisée, régulée, et n'est justifiée que si elle dépend de l'objectif ultime, quel qu'il soit.

Malgré le ton assuré de Sun Tzu, c'est plutôt son humilité et son absence d'ego qui sous-tendent son écriture et les leaders qui ne les décèlent pas se méprennent fondamentalement sur le texte. Le fait que les instances dirigeantes des entreprises comptent dans leurs rangs une proportion hors normes de psychopathes n'est pas une nouveauté. Pourtant, s'il est lu et mis en application correctement, les despotes des conseils d'administration ne trouveront pas dans *L'Art de la guerre* un allié qui soutiendra leur vision égoïste de la vie et leur absence de maîtrise de leurs comportements. Sun Tzu s'adresse aux autres – ceux qui veulent devenir de meilleurs leaders –, ceux qui veulent écouter, apprendre et mettre en œuvre leurs connaissances nouvellement acquises.

Sun Tzu pourrait être décrit comme le gourou originel du développement personnel, qui aurait quelque chose à dire à chacun de nous, quelle que soit la portée de notre autorité ou notre secteur d'activité. Les 13 chapitres antistress, brillants et incisifs, de *L'Art de la guerre* nous montrent comment cloisonner, faire preuve de retenue, choisir nos batailles, apprendre à quel moment frapper et à quel moment se contenir, quand et comment déstabiliser. Il nous enseigne comment nous distinguer et distinguer tous les intervenants pour lesquels nous agissons et, en fin de compte, comment être un leader inspirant, honorable, courageux et efficace qui peut assumer ses actes, rassuré de savoir qu'il a fait tout ce que l'on attendait de lui.

Il n'est pas étonnant que les instructions concises, claires, résolues et pragmatiques de Sun Tzu aient, au fil des siècles, séduit les populistes qui en ont sélectionné des extraits séduisants afin de brouiller les pistes entre la vérité et la fiction. Pourtant, une telle approche à court terme cherchant à berner, désarçonner et diviser des adversaires ne mène pas loin. Non seulement elle manque vraiment d'honneur mais en cherchant à exploiter constamment des occasions immédiates sans planification ni principe, elle ne peut qu'aboutir à un système instable basé sur le chaos, qui est *in fine* non viable. Pour réussir sur le long terme, il faut comprendre et adopter dans son intégralité *L'Art de la guerre*, en utilisant la boîte à outils complète de solutions fournies par Sun Tzu.

Ce livre explore chaque chapitre successivement, en associant des déclarations de Sun Tzu à des pratiques et à des thèmes modernes et pertinents, relatifs au monde de l'entreprise et au leadership. Car *L'Art de la guerre* a son mot à dire sur tout cela : identité de marque, avantage du précurseur, réseautage, big data, résolution des conflits, relations avec les conseillers juridiques, parts de marché, fusions-acquisitions, relations avec la clientèle, relations avec les employés, relations avec les investisseurs, meilleures pratiques, diversité, recrutement ainsi qu'un grand nombre d'autres sujets.

Dans le premier chapitre, Sun Tzu donne le coup d'envoi en déclarant clairement que l'espoir n'est pas un plan. Au contraire, il convient de prendre en considération, de manière soigneuse et calculée, ce qui peut être nécessaire ou ce qui peut se produire à l'avenir, en s'appuyant sur les faits portés à notre connaissance. Il poursuit en montrant comment un bon leadership s'appuie sur l'instauration d'un climat de confiance. Pour lui, il s'agit d'un prérequis essentiel pour contourner, s'adapter, évoluer et prospérer dans un contexte en perpétuel changement. Ici, le mot d'ordre est « ferme mais juste ». Il faut présenter au moins l'illusion d'être omniscient pour préserver la motivation et inspirer loyauté et dévotion. Sun Tzu nous rappelle qu'il est possible, et en réalité primordial, d'être en même temps résolu, impérieux et bienveillant.

Le deuxième chapitre explique l'importance d'équilibrer les comptes et de prendre des décisions éclairées par les ressources à disposition. Pour Sun Tzu, tout est une question de faits et de résultats et les leaders qui ignorent ces principes doivent être considérés comme hautement irresponsables.

Le troisième chapitre met en évidence l'un des principes centraux de *L'Art de la guerre* selon lequel les meilleurs combats sont ceux que l'on évite. Selon Sun Tzu, la clé de ce principe consiste à garder une humeur égale et à résister aux influences pernicieuses de la tentation et de la frustration qui ne manqueront pas de troubler le jugement du leader. Ici, Sun Tzu prône les mérites d'un état d'esprit mesuré, de l'adaptabilité, de la patience, du travail en équipe et de la capacité d'un chef à agir de manière autonome, dès l'instant où il y est autorisé.

Le quatrième chapitre traite de la méthode, de la discipline et du contrôle. Il nous montre qu'une vision approfondie d'une compétition équivaut à une acuité visuelle de 20 sur 20 dont tout leader a besoin. La capacité à effectuer des recherches en profondeur et à penser hors des sentiers battus est une caractéristique fondamentale selon Sun Tzu. Qui plus est, c'est la façon dont vous mettez en application les ressources et les connaissances à votre disposition qui compte : un leader est un alchimiste qui concocte le mélange parfait pour transformer les choses pour le mieux.

Par la suite, *L'Art de la guerre* prédit le mantra officieux du corps des Marines américains en nous rappelant d'improviser, de nous adapter et de vaincre. Pour n'importe quel leader, l'environnement change en permanence, il n'y a pas deux batailles identiques. Dans ce cas, il ne faut pas être prévisible. Combinez le tout et cherchez le chemin de la moindre résistance, nous dit-on.

À mi-parcours, *L'Art de la guerre* nous rappelle de ne rien laisser au hasard. Connaissez votre ennemi, votre marché, votre entreprise. Obtenir l'adhésion d'autant d'intervenants que possible à votre objectif est décisif, tout comme l'usage simultané de la carotte et du bâton pour y parvenir. Ainsi, en restant en permanence patient, modéré et vigilant, un leader sera parfaitement paré pour réagir aux coups durs les plus graves – venant de l'intérieur ou de l'extérieur – avec une réponse parfaitement synchronisée et argumentée.

Dans les derniers chapitres, Sun Tzu nous rappelle de ne pas laisser notre cœur gouverner notre tête. Les tâches impossibles doivent être identifiées comme telles et laissées fermement de côté, car un échec héroïque reste toujours un échec. C'est une chose que de connaître la concurrence mais c'est aussi important, si ce n'est plus, de se connaître soi-même ainsi que de connaître ceux sous son commandement. De nombreuses victoires vous attendent ainsi que de nombreuses voies.

Nous voyons qu'il est essentiel d'identifier quelle récompense nous recherchons, afin de trouver l'inspiration autour d'elle et de suivre le bon chemin vers la victoire. Les ressources humaines qui se rassemblent autour de votre vision doivent être récompensées car leurs renseignements donnent les perspectives nécessaires pour atteindre vos objectifs en toute confiance.

Dans les derniers chapitres, Sun Tzu parle de faire preuve de logique en ne se rendant pas la vie inutilement difficile dans la poursuite de ses objectifs et en ayant un motif clair pour agir. Cependant, cela n'exclut pas l'audace ni d'avancer à un rythme différent. Les plus grands leaders sont intrépides et audacieux, pas parce qu'ils n'ont pas d'instinct de préservation, mais parce qu'ils ont étudié leurs dossiers et qu'ils ont foi en leur capacité à mettre en œuvre la bonne solution adaptée à l'occasion.

D'aucuns seront peut-être surpris d'apprendre que *L'Art de la guerre*, preuve de sa capacité à transcender le temps et l'espace, a beaucoup à dire au monde des affaires actuel, de plus en plus façonné par des concepts comme la responsabilité sociale des entreprises, le combat contre le changement climatique, la transmission des connaissances, le développement des compétences et la philanthropie, alors que de plus en plus d'intérêts éclairés cherchent à privilégier la collaboration et la coopération au détriment du conflit et de la domination. Les messages de *L'Art de la guerre* peuvent-ils cohabiter confortablement avec ceux des nouveaux mouvements, comme « Mee Too » et « Black Lives Matter » ? La réponse est un oui catégorique, tout comme les anciens textes religieux nous parlent encore quand nous passons outre le contexte de leur époque pour s'intéresser à leur sens et à leur message plus profonds. Peut-être alors est-ce moins « *L'Art de la guerre* » que « L'art d'atteindre ses objectifs ».

Alors lisez ce qui suit et laissez-vous transporter dans la Chine antique pour recevoir un éclairage authentique sur le monde économique d'aujourd'hui.

CHAPITRE 1

LES PLANS

始計

1 Sun Tzu dit: L'art de la guerre est d'une importance vitale pour l'État.

2 C'est une question de vie et de mort, un chemin dont il faut tenir compte conduisant à la survie ou à l'anéantissement. Par conséquent, c'est un sujet qu'il est impérieux d'étudier en profondeur.

3 L'art de la guerre est régi par cinq facteurs décisifs qui sont à comprendre parfaitement pour estimer la situation sur le terrain.

4 Ceux-ci sont: (1) le sens moral; (2) le ciel [le climat]; (3) la terre [la configuration du terrain]; (4) le commandant [le commandement]; (5) la méthode et la discipline militaires [l'organisation].

5 & 6 Le sens moral met le peuple en harmonie avec son souverain, de sorte qu'il le suivra sans crainte pour sa vie et sera prêt à mourir pour lui.

7 Le ciel est l'alternance de la nuit et du jour, de la chaleur et du froid, la succession des saisons.

8 La terre traite de la proximité et de la distance, du danger et de la facilité du terrain, des larges plaines et des défilés étroits, donc des éventualités de vie ou de mort.

9 Le commandant représente la sagesse, la probité, l'humanité, le courage et la rigueur.

10 La méthode et la discipline militaires signifient l'organisation de l'armée en troupes appropriées, le respect du rang parmi les officiers, l'entretien des routes d'approvisionnement et le contrôle des dépenses militaires.

11 Un général doit se préoccuper de ces cinq facteurs. Celui qui les connaît remportera la victoire, celui qui les ignore sera défait.

12 Comprenez-les lorsque vous élaborez vos plans et évaluez soigneusement leur pertinence, autrement dit, considérez:

(1) Lequel des deux souverains a une influence morale?
(2) Lequel des deux généraux est le meilleur?
(3) Quel camp est avantagé par le climat et par le terrain?

(4) Dans quelle armée la discipline est le plus rigoureusement respectée ?
(5) Quelle armée est la plus forte ?
(6) Quelle armée a les officiers et les soldats les mieux entraînés ?
(7) Laquelle distribue avec le plus de discernement récompenses et punitions ?

13 Les réponses à ces sept questions prédiront qui vaincra et qui sera vaincu.

14 Les généraux qui observent mes conseils et agissent en conséquence seront victorieux ; gardez-les aux commandes ; écartez ceux qui refusent de les entendre, car ils seront vaincus !

15 Tout en suivant mes conseils, faites usage de toute circonstance favorable, sans négliger les facteurs extérieurs.

16 Profitez de la moindre occasion favorable et adaptez vos plans pour en bénéficier.

17 Toute guerre victorieuse repose sur la ruse.

18 Par conséquent, quand vous êtes capable d'attaquer, feignez l'incapacité. Quand les troupes sont prêtes au combat, semblez inactif. Quand vous êtes tout près, faites croire à l'ennemi que vous êtes loin. Quand vous êtes loin, faites semblant d'être près.

19 Appâtez l'ennemi pour l'attirer. Feignez le désordre et écrasez-le.

20 S'il se sent solide en tous points, soyez prêt à l'affronter. S'il est particulièrement fort, évitez-le.

21 Si votre ennemi est coléreux, cherchez à l'irriter. Prétendez la faiblesse afin de l'inciter à devenir arrogant.

22 S'il se repose, harcelez-le. Si son armée est unie, divisez-la.

23 Attaquez-le là où il ne s'y attend pas, surgissez à l'improviste.

24 Ces stratégies militaires, qu'il ne faut pas divulguer à l'avance, mènent à la victoire.

25 Le général victorieux considère toutes les éventualités avant la bataille ; un général qui perd une bataille n'a pensé qu'à quelques-unes. Un plan mûrement réfléchi présage la victoire, un plan médiocre, la défaite, aucun, le désastre ! En faisant attention à ces considérations, je peux prévoir aisément qui sera victorieux et qui sera vaincu.

L'espoir n'est pas un plan

Dès ses premiers mots ou presque, *L'Art de la guerre* établit très clairement que la planification joue un rôle essentiel et que nous devons chercher à « estimer la situation sur le terrain ».

Le plus sûr moyen d'échouer est d'espérer que simplement la volonté, le sort ou la répétition de vieux plans permettront d'atteindre des objectifs. Pensez à plusieurs magnats éphémères de la cryptomonnaie qui ont été démasqués lorsque la pyramide de Ponzi s'est effondrée sous la pression du marché. Le mois de novembre 2022 a été un moment charnière lorsqu'une foule d'investisseurs ont pris conscience d'avoir été dupés dans leur ruée vers l'or quand FTX, société d'échange de cryptomonnaie très en vue, et Alameda Research, sa filiale de courtage, ont été placées sous la protection du chapitre 11 du code américain des faillites.

Le fait de lier son sort à la grandiloquence de P.-D.G. originaux et en quête de notoriété, comme Sam Bankman-Fried de FTX, avec l'intuition souffle qu'ils seront les futurs grands patrons, ne constitue pas un plan.

Voyez Nokia, le fabricant de téléphones mobiles, qui n'a pas vu l'importance du logiciel sur le matériel et qui est passé de la position de numéro un du marché à la liquidation en moins d'une décennie. Ses dirigeants pourraient être qualifiés de suffisants, aveugles au fait que les plans en place pour maintenir des parts de marché énormes étaient usés jusqu'à la corde et redondants, jusqu'à ce qu'il soit trop tard pour changer quoi que ce soit.

Cinq facteurs décisifs

Le premier chapitre de *L'Art de la guerre* présente cinq facteurs décisifs qui doivent être implicitement appréhendés dans chaque situation donnée avant d'établir des plans aboutis et de mettre en place un plan d'action. Dans le monde des affaires, cela veut dire qu'il faut évaluer de manière détaillée sa propre entreprise – y compris soi-même – ainsi que la concurrence, afin d'estimer les forces et les faiblesses. Ce n'est qu'ainsi qu'une entreprise ou l'« État » peut effectuer les changements nécessaires et déterminer le moment et la façon d'entrer sur le marché.

Tout d'abord, Sun Tzu parle du « sens moral ». Il s'agit de la cause ou de la déclaration de mission qui soude une entreprise, qui unit et inspire la loyauté.

Sans ce sens moral, les soldats ne sauront pas pour qui ni pour quoi ils combattent, pas plus que les membres de l'équipe ne sauront ce que représente leur entreprise ni pourquoi elle existe. Une communication réussie sur ce thème insufflera au soldat ou à l'employé un but et un élan et transformera leur journée en quelque chose de plus profond que de simplement venir pour recevoir un chèque de paie. Ainsi, on a dit de Steve Jobs, fondateur adulé d'Apple, « qu'il pouvait donner l'impression que concevoir une alimentation électrique était une mission divine ».

Le fait de savoir ce qui réunit, inspire et guide la concurrence éclaire inévitablement sa propre vision et son propre cri de ralliement. C'est une connaissance indispensable.

Le deuxième facteur, que Sun Tzu décrit comme le « ciel », correspond au vaste environnement dans lequel évolue une organisation, que ce soit une armée ou une entreprise. Tel qu'indiqué dans *L'Art de la guerre*, ce facteur concerne concrètement les dynamiques comme le moment de la journée ou de l'année, et les conditions météorologiques dominantes. Ces préoccupations ne sont pas moins pertinentes pour les dirigeants de sociétés légalement constituées ou de PME (petites et moyennes entreprises).

Dans le secteur de la vente de vêtements au détail, cela peut vouloir dire qu'il faut s'assurer que les gammes de vêtements d'hiver soient en rayon au moment de la saison en question. À un niveau légèrement plus complexe, cela pourrait signifier qu'avec la fin des confinements provoqués par la pandémie de la COVID-19 viendrait aussi l'arrêt des commandes en ligne massives de vêtements de sport confortables et de tenues décontractées. À un niveau plus stratégique, c'est percevoir qu'un grand leader comme Amancio Ortega, célèbre ancien patron espagnol milliardaire du géant de l'habillement Zara, estime que ses lignes de vêtements doivent s'inspirer des clients et de la rue plutôt que des défilés des grands couturiers, car cela permet d'établir un lien fluide entre les désirs des gens et les tenues en boutique. De plus, sa croyance dans une chaîne d'approvisionnement très contrôlée, centrée sur la péninsule ibérique ou à proximité de celle-ci, permettait de réagir de manière extrêmement rapide aux changements de tendance et de fonctionner tout en souplesse.

Quand Sun Tzu parle de « terre », le troisième facteur, il entend les différents terrains dont un leader doit prendre la mesure. Par exemple, aux États-Unis, les centres commerciaux en dehors des villes ont connu une croissance exponentielle après la Seconde Guerre mondiale ; en effet, des investisseurs astucieux avaient jugé que l'impératif commercial serait mieux servi par ce type de commerce, vu le nombre considérable de nouveaux propriétaires de voitures et l'expansion des banlieues. Étant donné que les quartiers d'affaires de centre-ville étaient à l'inverse marqués par une pénurie de bons terrains disponibles et par des loyers onéreux, ces plans ambitieux de croissance ont trouvé leur bonheur avec ces nouveaux locaux, au moins pendant un temps. Là encore, le chef d'entreprise clairvoyant a repéré les signes avant-coureurs et a réaffecté ses ressources. Sun Tzu aurait été fier de lui.

Toutefois, au-delà des questions géographiques, les leaders font face à des dilemmes existentiels qui reflètent les éléments mentaux et métaphysiques du facteur « terre » de Sun Tzu, en plus de ses aspects physiques.

Suite à l'invasion de l'Ukraine par la Russie, les dirigeants européens des pays dépendant du gaz russe pour satisfaire leurs besoins en énergie ont dû soupeser leur opposition à l'agresseur par rapport aux conséquences sur leur sécurité énergétique, aussi bien industrielle que domestique, que des sanctions entraîneraient. Ils ont dû également évaluer le risque qui pèserait sur leur avenir politique personnel ainsi que sur la bonne santé économique plus large de leur pays. Il leur a fallu débattre de la question de savoir si le bien-être national à long terme était mieux ou moins bien servi en tenant tête à l'agresseur.

Tandis que les divers dirigeants tergiversaient avec angoisse sur la sagesse ou non de mordre la main qui les nourrissait à court terme, en recherchant et en sécurisant d'autres sources d'approvisionnement et en mettant en œuvre potentiellement des investissements vers des ressources renouvelables locales, ils admettaient aussi qu'une période de difficultés volontaires serait le prix à payer pour se libérer *in fine* de la servitude perpétuelle les liant à l'ours russe.

Pour fonder leur décision, ils devaient évaluer la possibilité d'obtenir des ressources d'approvisionnement alternatives provenant de nouveaux fournisseurs lointains avec lesquels ils n'avaient que peu de relations commerciales ; des fournisseurs avec lesquels ils étaient en concurrence avec des pays pairs faisant face aux mêmes défis ; et à un prix qui, une fois rapporté au consommateur final, n'était pas rédhibitoire au point de provoquer des troubles sociaux graves et une crise socio-économique qui absorberaient les forces vives de l'État. Dans le même temps, les responsables devaient remplir leurs obligations minimales afin de préserver des alliances avec d'autres forces amies, évitant ainsi d'être isolés, de devenir inaudibles dans la cour des grands et de perdre ainsi leur capacité à influencer des dynamiques au plus haut niveau possible.

Telle est la vie d'un général.

Quand il parle du « commandant », *L'Art de la guerre* nous rappelle que le dirigeant emprunte un chemin subtil pour inspirer loyauté, respect et dévouement.

À première vue, les vertus de la sagesse, de la sincérité, de la bienveillance, du courage et de la rigueur peuvent paraître un mélange plutôt varié et incompatible mais Sun Tzu a raison de dire que chacune d'elles est nécessaire pour qu'un leader puisse devenir un chef accompli. Ici, l'ordre du jour est « ferme mais juste », ce qui veut dire qu'il n'y a pas de place pour les despotes ou les micromanagers. Au lieu de cela, un véritable visionnaire incarne les valeurs de la société et donne le ton à toute l'entreprise, du plus haut niveau au plus bas, notamment par la façon dont il dialogue et agit avec ses subordonnés. Si vous communiquez mal ces valeurs, voire pas du tout, vous déléguez un dysfonctionnement. Celui-ci va certainement s'aggraver, se développer et donner naissance à du ressentiment de sorte que non seulement cela se retournera contre le leader mais cela affectera négativement l'avenir de l'entreprise.

Cela correspond au cinquième facteur de Sun Tzu, la méthode et la discipline. Il parle de montrer l'exemple, ce qui se traduit par des communications internes et externes efficaces et crée les conditions pour une entreprise financièrement responsable.

À l'inverse, des égocentriques englués dans la corruption, comme Harvey Weinstein de la Weinstein Company, ont veillé à ce que leurs équipes fussent au contraire nourries par le culte de leur personnalité. Par conséquent, quand tout est parti à vau-l'eau et que ces commandants ont été pris en défaut, il est vite devenu évident à quel point de telles fondations stratégiques, unilatérales et despotiques, étaient fragiles et faibles. À l'inverse, si vous faites passer le message et veillez à sa bonne diffusion dans votre société, vous renforcez l'autonomie des autres pour qu'ils combattent les feux opérationnels en allégeance à la cause et en respectant la loi du pays, avec tous les outils nécessaires à leur disposition.

Cela vaut la peine de rappeler que bien que vous soyez le patron, officiellement mandaté peut-être par vous-même ou par d'autres issus de cercles très fermés, votre licence informelle d'exploitation vient de ceux qui semblent être vos subalternes.

Être un leader est un travail en constante évolution et les meilleurs savent que le développement personnel et l'autodiscipline sont des éléments clés. La vertu, telle que Sun Tzu la conçoit, peut aujourd'hui être améliorée à travers l'apprentissage et la pratique, loin du champ de bataille – dans une école de commerce, sur le lieu de travail ou par des conseillers de vie. Soyez le chef que Sun Tzu veut que nous soyons !

La connaissance de ces cinq facteurs signifie que l'on a tout étudié minutieusement, contribuant ainsi à établir les meilleurs plans ; voilà un exercice en soi enrichissant sur le plan personnel et stimulant sur le plan intellectuel qui peut ensuite être modifié si nécessaire, en fonction des circonstances.

Nous ne sommes pas au cinéma

Lorsqu'il dit « Quelle armée est la plus forte ? » et « S'il est particulièrement fort, évitez-le », Sun Tzu nous rappelle que l'on ne doit jamais croiser le fer avec des concurrents par plaisir. Nous devons aller à la bataille uniquement avec un motif clairement énoncé qui sert à sécuriser davantage et à renforcer ce que nous sommes chargés de soutenir, enrichir et protéger. Si cela veut dire attendre le bon moment et ne pas déclarer la guerre, alors qu'il en soit ainsi. En général, des décisions et des actions impétueuses mènent à la défaite et, bien que les films aiment parfois auréoler de gloire un échec héroïque à la Spartacus, les actionnaires, le personnel, les clients et autres sont en général moins indulgents quand un dirigeant d'entreprise se trompe.

Les efforts de Nintendo, multinationale japonaise spécialisée dans le jeu vidéo, pour prendre un temps d'avance dans la nouvelle ère de la réalité virtuelle dans les années 1990 devraient provoquer une prise de conscience. Son « Virtual Boy » commercialisé en 1995 a connu un échec commercial tristement célèbre. Lancée précipitamment avec un manque de leadership clair, avec pour seul objectif de symboliser cette nouvelle technologie en s'assurant l'avantage du précurseur, cette console de jeux avec visiocasque est un exemple de ce qu'il ne faut pas faire.

Sa technologie n'était pas adaptée aux besoins, elle produisait des effets décevants et était vendue à un prix initial élevé qui a été ensuite baissé à plusieurs reprises. De plus, ses déboires ont été aggravés par des problèmes de santé chez les utilisateurs et une campagne promotionnelle mal conçue qui cherchait sans raison à éloigner Nintendo de son marché principal centré sur les enfants et qui avait fait ses preuves. Il s'est ensuivi une recherche de coupables et la défiance associée à la marque a fini par coûter à Nintendo sa place à la table des grands de la réalité virtuelle, situation qui perdure aujourd'hui.

Si l'entreprise emblématique du jeu vidéo avait mieux caché son jeu, les choses auraient pu être différentes. Mais sa conviction de transformer en or tout ce qu'elle touchait a eu raison de la prudence et l'a incitée à faire preuve d'un excès de transparence. Comme *L'Art de la guerre* l'énonce très clairement dans les derniers passages du chapitre un, « toute guerre victorieuse repose sur la ruse » tandis que « ces stratégies militaires, qu'il ne faut pas divulguer à l'avance, mènent à la victoire ».

L'expérience peu enviable de Nintendo aurait pu être évitée avec des processus de gestion du risque plus rigoureux, une R&D plus exhaustive et par l'identification d'une raison d'être claire du produit. La société a eu de la chance de s'en sortir car des commercialisations ratées très médiatisées, nées d'un manque d'analyse, peuvent être catastrophiques pour les entreprises, et même pour leur renommée. Citons à ce titre Sega qui a été contrainte de se retirer totalement du marché des consoles après avoir tenté en vain d'affronter la PlayStation de Sony en s'y prenant très mal. Peut-être que les hauts dirigeants de Sega n'avaient pas lu *L'Art de la guerre* car s'ils l'avaient fait, ils auraient remarqué que « c'est une question de vie et de mort, un chemin dont il faut tenir compte conduisant à la survie ou à l'anéantissement ».

Se tenir informé ou disparaître

Là où les plans de Sun Tzu impliquaient une première évaluation des capacités et des actions probables de ses ennemis militaires, le chef d'entreprise actuel doit étudier le marché pour mettre au point les meilleurs moyens de développer un avantage au profit des actionnaires pour le compte desquels il travaille très dur. Après avoir fixé des objectifs clairs, il doit définir un plan d'action en s'appuyant sur les conditions actuelles et futures. Toute action pour avoir des informations supplémentaires sur ces conditions est bienvenue car parfois l'avantage qu'elle procure fait toute la différence entre la réussite et l'échec.

Par exemple, la révolution numérique implique que des informations sensibles peuvent désormais être extraites à la vitesse de l'éclair d'une masse de données presque infinies. Cela permet d'apporter des éclaircissements inédits en matière de négociation et, par là même, la capacité d'effectuer des transactions rapides avec un degré de confiance plus élevé. Comme le dit Sun Tzu, « un plan mûrement réfléchi présage la victoire, un plan médiocre, la défaite ».

CHAPITRE 2

LA CAMPAGNE

作 戰

1 Sun Tzu dit : Toute opération militaire qui requiert mille chars de combat, mille chars lourds et cent mille soldats en armure, des vivres suffisants pour une campagne de mille *li*[1], en plus des dépenses dans le pays et sur le front, des frais de réception des visiteurs, du coût de la colle et de la laque, de l'entretien et de la fabrication des chars et des cuirasses, coûtera en tout mille onces d'argent par jour. Voilà les frais de la levée d'une armée de cent mille hommes.

2 Quand la bataille est engagée, si la victoire tarde à venir, les armes s'émousseront et l'ardeur des hommes refroidira. Assiéger une cité épuise vos forces.

3 Si la campagne est prolongée, les ressources de l'État seront mises à rude épreuve.

---

1. Un *li* est égal à 0,5 km.

4 Si vos armes ont perdu leur mordant, si vos hommes sont découragés, si votre force est épuisée et si votre trésor est vide, vos voisins saisiront leur chance et profiteront de votre faiblesse pour vous attaquer. Si avisé que vous soyez, vous ne pourrez alors rien faire pour éviter les conséquences.

5 Bien que nous ayons entendu parler de campagnes d'une précipitation malencontreuse, personne n'a jamais vu d'action habile qui se soit éternisée.

6 Jamais un pays n'a tiré profit d'une guerre prolongée.

7 Seul celui qui comprend bien les maux de la guerre peut comprendre la meilleure manière de la conduire.

8 Un général habile ne lève des troupes qu'une seule fois et ne réquisitionne des provisions plus de deux fois.

9 Emportez votre équipement, mais trouvez vos vivres chez l'ennemi. C'est ainsi que l'armée nourrira ses troupes.

10 Transporter loin tout le nécessaire épuise les finances de l'État et appauvrit la population.

11 D'autre part, en présence d'une armée les prix flambent et l'inflation épuise les ressources.

12 Le poids des corvées et des taxes devient écrasant.

13 & 14 Leur force sapée et leur santé affaiblie, les foyers sont dépouillés de tout et la population perd trois dixièmes de son revenu. Quant aux dépenses du gouvernement, le remplacement des chars brisés, des chevaux fatigués, des armes, des casques, des boucliers, des armures, des bêtes de trait et des fourgons de transport ampute de quatre dixièmes le trésor.

15 Un général avisé prend soin de trouver ses vivres chez l'ennemi. Une charretée des provisions de l'ennemi en vaut vingt des vôtres, et pareillement un *picul*[2] des provisions de l'ennemi en vaut vingt des vôtres.

16 La fureur de vos soldats les incite à tuer l'ennemi, la promesse de récompense les pousse à vaincre.

17 Lorsque dans un engagement de chars on capture plus de dix chars adverses, récompensez les soldats qui se sont emparés du premier. Placez vos propres bannières sur les chars capturés et dispersez-les parmi les vôtres. Traitez humainement les soldats prisonniers.

18 Par cette tactique, l'ennemi vaincu vous rendra plus fort.

19 Voilà pourquoi, à la guerre, seule la victoire compte et il n'est pas bon de faire durer trop longtemps une campagne.

---

2. Un *picul* pèse environ 60 kg.

20 Un général qui comprend l'essence de la guerre est l'arbitre du destin de son peuple, l'homme dont dépend le sort de la nation : paix ou péril.

Coûts liés au conflit

Dans le chapitre deux, Sun Tzu indique clairement que les guerres coûtent cher. S'il n'y a pas d'autre solution que de s'affronter, il conseille de s'assurer que l'action aboutisse à une conclusion le plus rapidement possible.

En effet, « si la campagne est prolongée, les ressources de l'État seront mises à rude épreuve », affirme le grand stratège.

En l'absence de limite pour atteindre l'objectif, si les coûts importent peu, alors la victoire, quelle que soit sa forme, sera inexorablement obtenue.

Or, des ressources illimitées sont autant une utopie dans le monde des affaires actuel qu'elles l'étaient sur les champs de bataille à l'époque de Sun Tzu.

Vivre dans le monde réel

Les ressources ne sont pas infinies et doivent être employées avec parcimonie. Une prééminence qui ne peut être soutenue est inutile. Tôt ou tard, une entreprise, un gouvernement ou un individu qui ne fait pas systématiquement attention à équilibrer ses comptes finira par se retrouver dans une situation catastrophique lorsque le crédit s'asséchera et que les dettes seront réclamées. Par exemple, un personnel important pour couvrir toutes les zones, avec un peu de réserve juste au cas où, est « bien à avoir » mais cela représente des frais généraux énormes à supporter et un mode de fonctionnement très inefficace.

C'est pourquoi entre fin 2022 et début 2023, on a assisté à une série de licenciements dans le secteur de la Tech. Des entreprises aussi disparates que Dell, le géant de l'informatique, et Coinbase, une plate-forme de cryptomonnaie, luttaient contre les ravages causés par la baisse des revenus et l'augmentation des coûts. Pour ces deux firmes et de nombreuses autres, c'était une mesure d'efficacité jugée regrettable mais nécessaire. Bien qu'elles soient inévitablement impopulaires pour de nombreux individus, les suppressions d'emplois peuvent répondre aux réalités du marché.

En accord avec l'objectif déclaré de Sun Tzu que « seule la victoire compte et [qu']il n'est pas bon de faire durer trop longtemps une campagne », les entreprises doivent connaître leur stratégie de sortie quand elles cherchent à gagner des parts de marché puisqu'une guerre des prix vers le bas peut rapidement épuiser les ressources si cette dernière s'éternise. Et même si les objectifs sont atteints, si les caisses ont dû être vidées pour y parvenir, ce succès n'est rien de plus qu'une victoire à la Pyrrhus qui ne fera que retarder des progrès à terme.

En tant qu'entrepreneur, vous devez spéculer pour accumuler parce que la concurrence ne va pas se contenter de se soumettre et vous tendre sa clientèle sur un plateau. Pour convaincre le marché que votre produit ou service vaut ce qu'il va coûter, choisissez bien les entreprises contre lesquelles vous vous battez et assurez-vous de remporter ces combats avec les ressources dont vous disposez.

Vieux briscards

Le chapitre deux nous expose clairement qu'une équipe dirigeante expérimentée, connaissant le secteur en question, joue un rôle essentiel car elle aura été témoin des conséquences financières désastreuses qui découlent de décisions prises pour la gloire au lieu de les étayer sur une analyse approfondie.

Par conséquent, lorsque Sun Tzu déclare que « seul celui qui comprend bien les maux de la guerre peut comprendre la meilleure manière de la conduire », nous pouvons appliquer ce précepte directement dans le monde des affaires d'aujourd'hui. Nous savons que seul un candidat chevronné sera capable d'exercer la retenue nécessaire et une discipline financière quand tout autour de lui, des décideurs inexpérimentés perdent la tête, agissent de manière impulsive et instinctive, avec la confiance mal placée que seuls peuvent avoir ceux qui n'ont pas encore connu d'échec.

N'oubliez pas que les plus sages dirigeants sauront que ce n'est pas parce qu'une bataille s'est bien déroulée la première fois que la dynamique sera la même la deuxième fois.

Les reprises d'émissions de télévision illustrent les dangers qu'il y a à reproduire la magie des années passées. Dans de tels cas, les commanditaires estiment à tort qu'une bienveillance nostalgique envers l'original constituera la formule gagnante pour que la reprise soit un succès auprès du public.

Or, les choses se déroulent rarement ainsi.

Non seulement tout le monde a oublié que l'émission avait été arrêtée la première fois à cause des chutes d'audience, ce qui suggérait un intérêt par nature insuffisant des téléspectateurs. Mais des années plus tard, les acteurs d'origine ne sont bien souvent plus disponibles ni intéressés, certainement trop âgés, ou parfois décédés, ce qui nécessite de créer rapidement un attachement pour un nouveau casting. De plus, les comportements et les sensibilités de la société changent, si bien que ce qui fait de la « bonne télévision » aujourd'hui est très différent des formules qui avaient marqué les époques précédentes. C'est tout particulièrement évident dans les goûts du public en matière d'humour d'une décennie à l'autre ou même dans ce qu'il considère comme un humour acceptable.

Par conséquent, la plupart des reprises finissent par être soit visiblement anachroniques, soit des compromis bancals prêts à tout pour ne pas offenser. Le cimetière des émissions télévisées est jonché de ces pastiches sans âme des versions originales. Citons notamment *Beverly Hills, 90210* ; *Dallas* ; *Melrose Place* ; *Hartley, cœurs à vif*... La liste s'allonge encore !

Quels que soient leur produit ou leur service, les entreprises feraient bien de comprendre qu'à chaque fois qu'elles lancent une nouveauté, la dynamique du marché aura changé et que de nouvelles approches – même subtiles – peuvent parfois faire toute la différence lorsqu'il s'agit de réussir.

Protéger les approvisionnements

Le deuxième chapitre de *L'Art de la guerre* parle également des mérites qu'il y a à intégrer les atouts de l'ennemi conquis dans ses rangs. L'idée clé à retenir aujourd'hui est que lorsque les ressources se font rares, les entreprises doivent réfléchir avec sagesse à la façon de protéger leur chaîne d'approvisionnement. Voyez justement le secteur des véhicules électriques qui, dans le monde entier, est en train de bénéficier d'aides publiques et de mesures incitatives substantielles car les gouvernements cherchent à accélérer les changements de véhicules conventionnels dans le cadre de la transition vers le « zéro net ». Pourtant, avec un approvisionnement insuffisant en minerais essentiels comme le lithium, le cobalt et le nickel nécessaires pour fabriquer les batteries, le déploiement des véhicules électriques n'est pas à la hauteur pour répondre à la demande.

Des constructeurs automobiles comme Tesla, General Motors et Ford cherchent activement à mettre en place une intégration verticale sous la forme d'une propriété directe de mines afin d'augmenter et de sécuriser les approvisionnements et de mieux contrôler les coûts.

De même, une chaîne d'approvisionnement rapprochée du siège sous la forme d'une relocalisation augmente la sécurité, la stabilité et la régularité de l'approvisionnement. La possibilité d'événements extrêmes comme des guerres, une hyperinflation ou une pandémie doit être prise en compte dans la planification et les modèles économiques doivent être soumis à des simulations de crise en conséquence. Le début des années 2020 a prouvé que de tels phénomènes déconcertants pouvaient se produire en parallèle. Par exemple, le transport longue distance est devenu extrêmement coûteux et incertain pour les entreprises qui ont dû faire face aux retards de commandes en découlant, à l'incapacité de satisfaire de nouvelles commandes et aux atteintes à leur réputation. Comme le fait remarquer Sun Tzu, « transporter loin tout le nécessaire [...] appauvrit la population ».

En se concentrant sur les chars, les casques, les lances, les chariots et autres matériels de bataille, Sun Tzu parle de gestion des ressources et cela vise aussi les individus car vous avez besoin de disposer de suffisamment de talents supérieurs pour prospérer. Bien qu'à son époque, on n'ait guère été soucieux des considérations éthiques ou légales dans la façon d'acquérir ces ressources, nous pouvons déduire qu'il est important d'être proactif quand on cherche à attirer les meilleurs et de les favoriser en conséquence, étant donné que ces personnes représentent les forces vives de n'importe quelle entreprise.

En réalité, Sun Tzu nous rappelle que des mesures incitatives sont essentielles pour garder le moral au plus haut et les soldats – ou les employés – heureux et avides d'en avoir plus car « la promesse de récompense les pousse à vaincre ». Ainsi, les primes liées aux performances semblent avoir eu le même attrait il y a 2 500 ans qu'aujourd'hui.

Le pouvoir de la bienveillance

Sun Tzu ne perd aucune occasion de vanter les mérites d'une guerre rapide et décisive plutôt qu'un conflit interminable. Il insiste aussi sur le fait d'être ferme mais juste, préconisant : « Traitez humainement les soldats prisonniers. »

Sun Tzu sait qu'on finit toujours par subir les conséquences de ses actes et qu'il est difficile de faire valoir des arguments économiques pour créer un sentiment venimeux de rancœur et un désir de revanche chez un ennemi.

Si le président Vladimir Poutine avait dépoussiéré son exemplaire de *L'Art de la guerre*, il aurait peut-être réfléchi à deux fois avant d'envahir l'Ukraine. Sa victoire rapide espérée n'a pas tardé à se transformer en cauchemar, en une guerre d'usure sans fin qui conduit la Russie à devenir un paria sur le plan international et son économie à s'enfoncer dans la crise. Les citoyens infortunés ont été obligés de soutenir une cause perdue parce que l'homme au sommet de l'État – poussé par des faucons bellicistes – n'a pas été capable d'admettre qu'il s'était trompé.

Il est impossible de maintenir le moral dans un combat prolongé : des rapports suggèrent que celui des troupes russes mal équipées était à un niveau historiquement bas quand les soldats ont pris conscience qu'ils ne seraient pas accueillis en libérateurs mais détestés comme des envahisseurs et qu'ils risquaient de mourir sur le front pour une cause contestable. Comme le fait remarquer à juste titre Sun Tzu, les personnes comme Poutine sont celles « dont dépend le sort de la nation : paix ou péril ».

Bien que des dictateurs puissent rester au pouvoir malgré une guerre qui s'éternise – comme Assad en Syrie –, c'est plus difficile dans le monde des affaires, étant donné que le marché qui soutient les dirigeants ne peut être intimidé pour se soumettre.

Vivre uniquement pour les résultats

Les P.-D.G. sont des personnes attentives. Vous ne voulez pas que votre entreprise ou vous-même soyez connu pour votre esprit belligérant. Le conseil d'administration, les actionnaires, les clients et autres acteurs souhaitent plutôt vous voir concentré sur la création de valeur et sur la croissance. S'ils ont l'impression que votre attention est tournée ailleurs, cela peut affecter l'augmentation du chiffre d'affaires, les revenus par client, la marge bénéficiaire, le taux de fidélisation et la satisfaction des clients et pas dans le sens où vous voulez voir ces différents facteurs évoluer.

Les résultats et l'attention ont de l'importance. Tant qu'un leader autocratique et grossier obtient de bons résultats, on lui pardonne tout mais si l'entreprise qu'il dirige et incarne se met à battre de l'aile, et que les remèdes mis en œuvre ne font qu'aggraver le problème, une résistance apparaîtra et se durcira jusqu'à atteindre un point critique. À ce moment-là, même les disciples les plus serviles changeront d'allégeance pour la reporter sur le prochain sauveur de l'entreprise attendant dans l'ombre, surtout s'ils constatent que leurs perspectives d'avenir sont liées aux performances déclinantes de l'entreprise.

Lorsque le chiffre d'affaires baisse et que les revenus se tarissent, il y a moins d'argent pour apaiser les actionnaires et retenir les employés. Les investisseurs mécontents ou les employés inquiets pour la pérennité de leur emploi ne sont pas aussi cléments que cela. Et tout comme « le poids des corvées et des taxes devient écrasant » à l'époque de Sun Tzu, il en va de même pour ceux qui financent les armées économiques d'aujourd'hui : ils retireront leur soutien s'ils sont insatisfaits des performances.

De nos jours, avec la multiplication des plateformes et des interfaces permettant d'agréger des dissidences, il est impossible pour le chef d'entreprise en difficulté d'étouffer ou de contrôler les rumeurs. Ainsi, à ce stade, il est en général un mort-vivant. Comme l'explique Sun Tzu, « vos voisins saisiront la chance et profiteront de votre faiblesse pour vous attaquer ».

D'une manière qui transcende le temps et l'espace, l'argent était, et reste encore, le « nerf de la guerre ». S'il vient à manquer, les gens se mettent à compter les euros et les centimes. C'est pourquoi les magasins à bas prix s'en sortent si bien pendant les crises inflationnistes. Les entreprises incapables de s'adapter à ces périodes connaîtront probablement une véritable hémorragie de leur clientèle, tout comme les prix élevés à l'époque de Sun Tzu contribuaient à « épuiser les ressources ».

Sun Tzu nous laisse sans illusion sur le fait que la guerre coûte cher et que si nous voulons qu'elle améliore notre situation plutôt qu'elle n'aggrave notre sort, mieux vaut s'assurer que le conflit soit bref.

Dans le monde des affaires, on peut remporter des victoires fulgurantes avec quelques efforts ou en réaffectant des budgets déjà alloués. Par exemple, il n'y a rien de contradictoire à reconnaître les défis à relever et rappeler aux actionnaires des raisons d'être heureux au milieu de moments difficiles. En faisant référence aux lendemains qui chantent, les données ou les nouvelles désagréables du jour seront plus acceptables et le leader s'assurera l'adhésion nécessaire pour surmonter les épreuves du moment.

En particulier pour les nouveaux dirigeants, tout dépend de la présentation. Même si une bonne partie du travail préparatoire a été réalisée avant leur arrivée, le fait de se placer dans la droite ligne d'une trajectoire ascendante et de changements tangibles et positifs à venir peut être un moyen extrêmement efficace de galvaniser les soutiens.

Chercher querelle à la mauvaise personne

Lorsque Mark Zuckerberg a laissé entendre que Facebook constituait un gouvernement quasi-officiel, sa déclaration n'a pas été bien accueillie par le vrai gouvernement américain. Ces paroles provocantes montraient un excès de confiance et une grande mégalomanie, conclusion logique d'une situation où personne n'était assez audacieux pour défier l'autorité du général ou remettre en question son jugement. Cela a valu à l'entreprise une surveillance accrue et des protestations toujours plus bruyantes réclamant son démantèlement, sur fond d'inquiétude en matière d'abus de position dominante, de vie privée et de protection des données.

Le P.-D.G. de Facebook a fini par prendre conscience que des gouvernements de territoires stables comme les États-Unis abattraient systématiquement les ambitions débridées des entreprises même les plus grandes et des dirigeants qui, comme lui, estimaient qu'ils étaient « supérieurs aux autres ».

Le fait d'être obligé de défendre publiquement ses actions face au législateur n'est pas bon pour la réputation d'une entreprise et bien qu'elle n'ait pas été contrainte de se séparer de filiales comme WhatsApp ou Instagram, Meta, la société mère de Facebook, a vu le cours de son action plonger et restera en plein marasme tant que la société sera embourbée dans cette longue et laborieuse controverse.

Cela peut signifier une défaite coûteuse due à la querelle avec la mauvaise personne – dans ce cas le gouvernement américain, où une victoire aurait équivalu à ce que celui-ci abandonne son autorité à une entreprise. Il est peu probable qu'un tel résultat arrive jamais rapidement ou à peu de frais.

Elon Musk est un autre exemple de général des temps modernes qui a dû accepter que même sa réputation d'embobineur à répétition ne pouvait vaincre la loi du pays qui l'obligeait à acheter Twitter à un prix surévalué par sa propre faute. Il a découvert que les propos irréfléchis coûtaient cher.

Zuckerberg et Musk auraient dû écouter Sun Tzu. Lui savait qu'il ne fallait pas avoir les yeux plus gros que le ventre.

CHAPITRE 3

LA STRATÉGIE OFFENSIVE

謀 攻

1 Sun Tzu dit: En pratique, dans la guerre, il est préférable de capturer un pays préservé que de le détruire; mieux vaut capturer intacts une armée, un régiment, un bataillon, une escouade que de les détruire.

2 En partant de ce principe, on peut comprendre que remporter cent victoires dans cent batailles n'est pas ce qu'il y a de mieux; l'excellence suprême est de vaincre l'ennemi sans même se battre.

3 La meilleure tactique est de contrecarrer les plans de l'ennemi, ensuite d'empêcher la jonction de ses forces, puis d'attaquer ses armées dans la bataille; la pire tactique est d'assiéger ses villes fortifiées.

4 Le siège n'est à mettre en œuvre qu'en dernier recours, car il exige beaucoup de temps : il faut au moins trois mois pour préparer et transporter les diverses protections mobiles et autres machines de siège ; il faut trois autres mois pour élever des remblais de terre contre les murailles.

5 Si le général s'impatiente et envoie ses hommes à l'assaut comme un essaim de fourmis, il perdra un tiers de son armée pour rien. Tels sont les effets désastreux d'un siège.

6 Un grand général soumet l'ennemi sans combattre, prend ses villes sans les assiéger et vainc son royaume sans campagne prolongée.

7 Ses forces intactes, il se saisira de l'Empire sans perdre un seul homme et son triomphe sera complet : tel est l'art de la stratégie offensive.

8 À la guerre, si vos troupes sont à dix contre un, vous pouvez encercler l'ennemi ; à cinq contre un, vous pouvez l'attaquer ; à deux contre un, vous pouvez le diviser.

9 Si les forces sont égales, engagez le combat. Si vous êtes en légère infériorité numérique, esquivez les attaques. Si vos troupes sont fortement surpassées en nombre, dérobez-vous entièrement.

10 Une force réduite, si décidée soit-elle, succombera toujours à une autre, plus forte.

11 Le général est le rempart de l'État. Si le rempart est solide, l'État sera fort. Si le rempart est chancelant, l'État sera faible.

12 Il y a trois manières dont un souverain risque de nuire à son armée :

(1) Ordonner à ses troupes d'avancer ou de se retirer au mauvais moment en ignorant le fait qu'elles ne peuvent pas obéir, c'est entraver l'armée.
(2) En tentant de diriger ses troupes comme il administre un royaume, sans comprendre l'organisation militaire, il les désoriente.
(3) Il démoralise ses troupes en s'immisçant dans la répartition des rangs et des responsabilités sans connaître les principes militaires d'adaptation aux circonstances.

13 Voyant l'armée désemparée et méfiante, les seigneurs et les princes de moindre condition en profiteront pour fomenter des troubles. On éloigne ainsi la victoire en semant l'anarchie dans les rangs.

14 Il y a cinq cas où la victoire est certaine :

(1) Savoir quand combattre et quand s'en abstenir offre la victoire.

(2) Savoir commander une grande armée aussi bien qu'une petite troupe offre la victoire.
(3) Savoir réunir les officiers et les soldats autour d'un seul but offre la victoire.
(4) Savoir se préparer soigneusement pour surprendre l'ennemi offre la victoire.
(5) Un général compétent, libre de l'ingérence du souverain, offre la victoire.

15 On peut dire que si vous connaissez votre ennemi et si vous vous connaissez vous-même, vous remportez la victoire dans cent combats sur cent. Si vous vous connaissez vous-même mais ne connaissez pas votre ennemi, vous vainquez une fois sur deux. Si vous ignorez tout de vous-même, ainsi que de votre ennemi, vous perdez chaque bataille.

Les meilleurs combats sont ceux que l'on évite

Dans le chapitre trois de *L'Art de la guerre*, Sun Tzu recommande de faire jouer l'intellect plutôt que les muscles pour résoudre une dispute. Comme nous l'avons montré, les coûts d'un conflit sont nombreux et substantiels et par conséquent, toutes les pistes pour atteindre un objectif sans recourir à la force doivent être explorées car elles contribuent à préserver les ressources.

Pour les chefs d'entreprise, cela signifie donc de communiquer clairement sur les responsabilités, les cibles, les capacités et les attentes afin qu'il n'y ait de place ni pour le doute ni pour le malentendu qui peuvent provoquer un ressentiment délétère et contagieux. Cela veut dire de dialoguer avec les clients, aussi bien existants que potentiels. Cela veut aussi dire d'utiliser la myriade de canaux aujourd'hui disponibles pour présenter une vision cohérente qui ne laisse rien à l'imagination quant à ce qui peut être apporté et qui expose clairement les implications d'une appartenance à la tribu. Si, grâce à un dossier monté avec clarté et attrait, les cibles se dirigent tout droit vers votre entreprise, plutôt que d'avoir à lutter pour leur activité, cela constitue un résultat optimal.

Certains estiment que dégainer l'artillerie lourde est un moyen de faire des affaires. Sun Tzu ne serait pas d'accord avec cela. Comme il le dit, « l'excellence suprême est de vaincre l'ennemi sans même se battre ».

Qu'il s'agisse de techniques de marketing trop agressives, d'intimider des employés jusqu'à ce qu'ils se soumettent, de ne pas donner suite à des engagements volontairement ambigus ou de s'immiscer dans la concurrence, Sun Tzu soutiendrait que des actions brutales, impitoyables ou ignobles – en particulier à notre époque actuelle plus sensible – ont toutes les chances de s'attirer l'hostilité d'autrui. Avec pour conséquence qu'il faudra plus de temps et d'argent pour atteindre ses objectifs, ce qui est un mode opératoire inefficace.

Et lorsque l'injustice – réelle ou perçue – semble s'être produite, le spectre des procédures judiciaires entre en scène. Ces formalités extrêmement chronophages et onéreuses sont potentiellement préjudiciables pour la réputation de l'entreprise.

Si parfois la voie juridique est inévitable et que des actions ou réalisations doivent être défendues, ou des défis relevés pour protéger ses intérêts, une possibilité de règlement à l'amiable constitue la voie la plus sage à emprunter. Cela manque peut-être de panache et de capacité à faire les gros titres des journaux mais la quête de la gloire ne paye pas les factures. Et l'adage selon lequel toute publicité, même mauvaise, est bonne à prendre est tout simplement un non-sens. Conclusion : les gens suivront volontairement les meilleurs dirigeants qui positionneront leur entreprise de sorte à attirer les affaires vers elle.

Être amical, pas hostile

Lorsqu'une entreprise en convoite une autre, elle s'efforcera d'en prendre le contrôle pour l'acquérir. Cette reprise peut être hostile ou amicale. Considéré du point de vue de Sun Tzu, le fait d'être amical permet de remporter la victoire.

Qu'elle soit réalisée par des votes par procuration, des offres publiques d'achat (OPA) ou par un rachat massif d'actions, une prise de contrôle hostile peut s'avérer coûteuse et chronophage. À l'inverse, en cas de rachat amical, on déroulera le tapis rouge, étant donné que cette évolution profitera aux deux parties. Dans le dernier cas, la voie vers le résultat souhaité est souvent dégagée alors que des incursions hostiles rencontreront probablement une résistance acharnée. Celles-ci peuvent alors traîner en longueur, ponctuées de multiples obstacles et dépourvues de garantie de succès.

Selon *L'Art de la guerre*, il faut éviter une prise de contrôle hostile car il existe trop d'impondérables pour prédire précisément le résultat. Suite à une démarche contre-productive, vous risquez d'affaiblir l'actif que vous cherchez justement à obtenir puisqu'il détournera ses ressources pour défendre son indépendance. Sun Tzu nous dit au début du chapitre trois qu'« il est préférable de capturer un pays préservé que de le détruire ».

Des frais juridiques peuvent rapidement s'accumuler. En outre, la partie acquéreuse risque d'être aux prises avec la dette même si elle finit par l'emporter, du fait de l'arsenal de mesures que la cible mettra en application pour contrecarrer la prise de contrôle. Qui plus est, pendant que les manœuvres suivent leur cours, un climat d'incertitude jettera inévitablement un froid sur la société cible, si bien que les talents à l'origine du succès même qui a attiré l'attention de l'acquéreur potentiel, pourront peut-être quitter le navire pour un avenir plus assuré ailleurs. Dans ce cas, la tentative de prise de contrôle non souhaitée n'aura pas « capturé un pays préservé ».

C'est l'adage « l'orgueil précède la chute » qui caractérise un dirigeant d'entreprise combatif et incapable de reculer. Il considère l'échec à atteindre un objectif comme un reflet négatif de sa capacité à diriger de manière efficace, alors qu'en vérité, c'est l'inverse qui est vrai. Car lorsque toutes les preuves montrent qu'une persévérance acharnée est inutile aux yeux des intervenants – dans l'intérêt desquels le dirigeant est chargé d'agir –, il est temps de se retirer. Comme Sun Tzu l'indique clairement, « la pire forme est d'assiéger [des] villes fortifiées ».

Pendant ce temps, ceux qui sont sans vision peuvent laisser le pouvoir qu'ils détiennent leur monter à la tête, oubliant que leur autorité leur est accordée et qu'elle peut leur être retirée, soit de l'intérieur soit de l'extérieur. Comme le général sur le champ de bataille, ils ne sont que des serviteurs de la cause – encore que très bien payés. Comme l'explique Sun Tzu, l'infortune n'est pas loin si l'on cherche à gouverner une armée de la même manière que l'on administre un royaume.

Par ailleurs, il faut éviter de prendre des décisions opérationnelles sous l'effet du stress et de l'instabilité émotionnelle, plutôt que par un examen rationnel en gardant la tête froide. Il est largement démontré que le stress altère la chimie cérébrale et par conséquent, lorsque le cerveau est dans un état de stress toxique, il peut être difficile de réaliser une analyse coût-bénéfice efficace. À sa manière, Sun Tzu l'a bien reconnu lorsqu'il déclare que « le général s'impatiente et envoie ses hommes à l'assaut comme un essaim de fourmis ».

Ces dirigeants d'entreprise, héros préprogrammés pour ferrailler afin d'obtenir de force un résultat, sans d'abord en peser les conséquences, finiront tôt ou tard par échouer.

Tant qu'elle n'est pas considérée comme violant les lois de la concurrence par les autorités de régulation compétentes – et un bon dirigeant devrait avoir fait preuve d'une diligence raisonnable et pertinente à cet égard pour prendre la bonne décision –, une prise de contrôle amicale à laquelle l'équipe dirigeante et le conseil d'administration de la société consentent activement, qu'ils approuvent et contribuent à mettre en œuvre, est le moyen privilégié pour agir. Cela consiste effectivement à voir « un grand général soumet[tre] l'ennemi sans combattre [...] sans campagne prolongée ».

Réfléchissez davantage en termes de « persuasion » plutôt que de « soumission » parce qu'avoir des personnes à ses côtés aide grandement à atteindre ses objectifs.

Cela ne veut pas dire qu'il n'existe pas un grand nombre de voies non conflictuelles vers la terre promise. Si cela signifie amadouer, manipuler, cajoler ou flatter pour parvenir là où vous voulez aller, cela vaut mieux que d'en arriver à se battre.

Des poches bien remplies

Dans ce chapitre, *L'Art de la guerre* nous rappelle également qu'il est essentiel d'évaluer les ressources à votre disposition pour dimensionner vos ambitions en conséquence. Pour s'attaquer à des poids lourds, il faut des poches bien remplies. Voyez pour cela le processus des élections présidentielles américaines où quiconque souhaite se lancer dans la bataille doit disposer d'un fonds spécial garni de dons de campagne.

Et même si débourser plus que les autres ne donnera pas forcément les clés de la Maison Blanche, si vous ne dépensez pas – ou si vous ne dépensez pas beaucoup –, vous n'attirerez pas l'attention des médias et vous ne serez pas capable de financer convenablement les frais de campagne, ne serait-ce que pour vous placer sur la ligne de départ.

Aux yeux des observateurs d'autres corps électoraux dans le monde – où de tels sujets sont parfois régulés de manière plus équitable –, tout cela paraît assez antidémocratique. Mais c'est ainsi aux États-Unis, et pour Sun Tzu, le fait d'être informé des réalités du terrain dans n'importe quelle situation est un élément primordial. Voilà pourquoi il dit qu'« une force réduite, si décidée soit-elle, succombera toujours à une autre, plus forte ».

Le chef accompli

Le général de Sun Tzu est le P.-D.G. d'aujourd'hui. Il doit être parfait et ses compétences détermineront le sort de l'entreprise qu'il dirige. Une prise de décision éclairée au sommet de l'entreprise contribuera à la prospérité de celle-ci alors que des décisions entêtées ne feront que l'affaiblir. Sun Tzu savait que, sur le champ de bataille, le général de l'armée était le rempart de l'État et qu'il devait être parfait en tout point pour que l'État reste fort. Il en va de même aujourd'hui pour le P.-D.G.

Être un dirigeant n'est pas une tâche facile ni de petite envergure. C'est une position complexe qui exige d'être remplie uniquement par l'individu le plus capable et le plus accompli, possédant de multiples compétences. Cependant, endosser ce rôle n'est, en soi, ni une marque ni une garantie de succès, étant donné qu'un dirigeant qui n'est pas à la hauteur dans certains domaines peut porter un sérieux coup à la destinée d'une entreprise.

Travis Kalanick, cofondateur et ancien P.-D.G. d'Uber, a profondément bouleversé, de manière audacieuse et révolutionnaire, le secteur des taxis. La croissance rapide de son entreprise a été soutenue par son non-respect des règles. Son pari de lancer un service avant de cocher toutes les cases réglementaires s'est avéré payant : celui-ci a rapidement conquis les cœurs, les esprits et les porte-monnaie d'un nombre suffisant de clients pour s'implanter de manière irréversible. Cependant, cette même posture tout feu tout flamme a fait apparaître une culture d'entreprise peu scrupuleuse.

Qu'il s'agisse des employés, des chauffeurs, des clients, des concurrents ou des régulateurs, Kalanick prenait ses décisions sans réfléchir et agissait comme bon lui semblait. Cumulé à une méconnaissance du marché chinois, où son service n'a pas décollé, le champion de la Silicon Valley a perdu sa capacité à changer tout ce qu'il touchait en or et cela n'est pas passé inaperçu.

La chute de Kalanick s'explique par une incompréhension totale des changements des valeurs et des comportements de la société qui autorisait jusqu'alors la misogynie à prévaloir de manière débridée. Son incapacité à répondre avec efficacité aux accusations de harcèlement sexuel dans sa société a fini par avoir raison de lui : le rapport indépendant très critique qui a suivi l'a contraint à démissionner en 2017. L'équipe dirigeante d'Uber savait, tout comme Sun Tzu, que « si le rempart est chancelant, l'État sera faible ».

La capacité à s'adapter aux circonstances pour éviter des poudrières préjudiciables et à admettre que les stratégies dépendent des ressources appropriées disponibles pour être mises en œuvre efficacement représente une composante fondamentale du leadership.

Le fait de donner des instructions à une équipe et de s'attendre à ce qu'elle réalise l'impossible « démoralise [l]es troupes » et revient à « entraver l'armée ». De telles attentes exagérées qui placent le personnel de première ligne dans le collimateur ne font qu'éroder la confiance dans l'entreprise. Elles créent sans aucun doute des conditions propices à la contestation dans les rangs ainsi qu'un taux de rotation plus élevé du personnel. Par conséquent, l'autorité et la position du dirigeant seront menacées de l'intérieur, mais aussi de l'extérieur. En effet, les clients sont mécontents des promesses non tenues à la suite d'engagements excessifs fixés à la tête de l'entreprise. Il n'y a rien de plus démoralisant que d'être voué à l'échec.

Le point clé à retenir ici, c'est qu'une approche universelle ne fonctionne jamais. Les dirigeants doivent être souples, agiles, flexibles, capables de changer de direction et de s'adapter pour trouver les bonnes solutions à la situation correspondante. Ils doivent proposer les meilleurs services possibles et trouver le ton juste à chaque fois, et ainsi « savoir réunir les officiers et les soldats autour d'un seul but [qui] offre la victoire ». Un chef peut et doit s'appuyer sur des données solides afin de prendre des décisions éclairées. C'est une composante essentielle afin d'éliminer les querelles de personnalité au sein de l'entreprise. Elle procurera des perspectives critiques et une force de frappe à portée de main, qui peuvent être partagées en temps réel avec le personnel concerné pour apporter de la clarté à tous et réduire les conflits.

Enfin, une autorité exécutive incombe au dirigeant et il est important qu'il ne soit pas paralysé par des ingérences venant d'autres entités et qu'il bénéficie d'une autonomie pour élaborer sa stratégie. S'il a pris en charge cette fonction, ce n'est que justice qu'il puisse s'acquitter de ses tâches librement. Comme le précise clairement *L'Art de la guerre*, « un général compétent, libre de l'ingérence du souverain, offre la victoire ».

Sun Tzu conclut le chapitre trois en nous rappelant brièvement que l'avantage réside dans la connaissance de soi et dans celle de l'ennemi. Un dirigeant qui connaît non seulement ses propres forces et faiblesses ainsi que celles de l'entreprise qu'il dirige, mais aussi la nature de la concurrence et le marché, est un dirigeant qui est conscient des multiples dynamiques et influences, et saura à quel moment attaquer et à quel moment se retenir. Comme le dit le maître stratège, « on peut dire que si vous connaissez votre ennemi et si vous vous connaissez vous-même, vous remportez la victoire dans cent combats sur cent ».

CHAPITRE 4

LA FORMATION MILITAIRE

軍形

1 Sun Tzu dit: Les grands généraux de jadis s'assuraient en premier de leur invincibilité, puis attendaient que l'ennemi devienne vulnérable.

2 Vous prémunir de la défaite dépend de vous; la défaite de l'ennemi réside en lui-même.

3 Le bon guerrier peut se rendre invincible, mais ne peut pas avoir la certitude de vaincre l'ennemi.

4 D'où le dicton: on peut savoir comment remporter la victoire sans être capable d'y parvenir.

5 Quand vous n'êtes pas sûr de l'emporter, défendez-vous; quand vous êtes sûr de la victoire, attaquez.

6 La défense signale que vous n'êtes pas en position de défaire l'ennemi, l'attaque, que vos forces sont plus que suffisantes.

7 Un général expert à la défense se dissimule au plus profond de la terre; un expert à l'attaque fond sur l'ennemi d'en dessus du neuvième ciel. C'est ainsi que vous assurez votre protection en toute situation et la victoire totale.

8 Voir la victoire seulement quand elle est manifeste n'est pas le summum de l'excellence.

9 Une victoire applaudie par tous n'est pas non plus le summum de l'excellence.

10 Soulever une feuille d'automne n'est pas une preuve de force; voir le soleil et la lune n'est pas la preuve d'un regard perçant; entendre le tonnerre n'est pas la preuve d'une ouïe fine.

11 Selon les Anciens, un grand guerrier est celui qui, en plus de vaincre, remporte aisément ses batailles.

12 Comme les victoires sont remportées sans mal, elles ne lui valent pas la renommée pour sa sagesse ou le respect pour son courage.

13 Il gagne ses batailles sans faute. Être préparé à tout garantit la victoire, car vous combattez un ennemi déjà à terre.

14 Un soldat habile se place d'abord dans une position invincible, puis s'assure de ne jamais laisser passer l'occasion de vaincre l'ennemi.

15 Un bon stratège s'assure d'abord de son invincibilité et seulement ensuite combat l'ennemi. Un mauvais stratège combat d'abord, et cherche les moyens de vaincre ensuite.

16 Un grand leader cultive son sens moral et respecte les principes de l'organisation militaire, car par ces moyens il dispense la victoire ou la défaite.

17 Les éléments de l'art de la guerre sont en premier l'appréciation du terrain, puis l'estimation des forces, du nombre des hommes, du rapport des forces et finalement des chances de victoire.

18 La terre définit l'appréciation du terrain, qui permet d'estimer les forces, ce qui entraîne le calcul du nombre d'hommes nécessaire, suscitant ainsi la comparaison des forces dont découle la victoire.

19 Une armée victorieuse comparée à une armée vaincue est juste comme un poids d'une livre par rapport au poids d'un seul grain.

20 Une armée victorieuse a la puissance d'une chute d'eau tombant dans un gouffre sans fond.

La meilleure vision est la connaissance

Le sang-froid, la discipline et la patience sont des qualités fondamentales pour n'importe quel chef et ce sont les thèmes abordés par Sun Tzu dans le chapitre sur la formation militaire. Le message délivré aux dirigeants d'entreprise d'aujourd'hui affirme que la capacité à attendre son heure et à faire preuve de retenue est primordiale. Tant que vous n'êtes pas en possession de toutes les informations nécessaires, vous ne pouvez vous faire une idée certaine de la prochaine action probable de la concurrence, ni connaître le bon moment pour attaquer. L'impulsivité qui incite à entrer en action trop tôt expose les vulnérabilités d'une armée que peut ensuite exploiter l'ennemi : il en va de même dans l'économie moderne. Cachez votre jeu et ne faites pas cadeau à la concurrence d'atouts inutiles.

Le message est parfaitement résumé dans le premier passage du chapitre où il est écrit que « les grands généraux de jadis s'assuraient en premier de leur invincibilité, puis attendaient que l'ennemi devienne vulnérable ».

Il est absolument essentiel de comprendre que la victoire réside dans la planification. Les batailles pour la suprématie commerciale sont gagnées et perdues non pas sur le marché mais dans l'élaboration de stratégies et le choix du moment. Prévoyez-les correctement et lorsque vous attaquez le marché, vous serez bien placé pour réussir ou pour réagir avec promptitude et succès aux situations inattendues, grâce à votre prise en compte des imprévus. Cela vous permet de gagner un temps précieux et de réduire vos coûts.

Le meilleur leader

Le meilleur leader saura faire preuve d'un sens profond du discernement et d'une vision exceptionnellement affûtée qui le distinguent de ses pairs et de ses contemporains et qui transcendent ce qui peut être enseigné et appris par l'expérience. Sun Tzu fait valoir que oui, la préparation et la planification sont essentielles mais que l'on a parfois besoin de cette vision supplémentaire et perspicace qui différencie le leader-né du leader éduqué. Selon lui, « on peut savoir comment remporter la victoire sans être capable d'y parvenir ».

Les entreprises familiales illustrent très bien cela : elles montrent que l'instinct de leadership et le sens des affaires ne peuvent être transmis malgré l'héritage génétique ou la fréquentation d'une grande école de commerce. Dans l'idéal, la planification de la succession ignore les liens familiaux et ne recherche que le meilleur candidat à la direction, soit issu de l'entreprise soit venu de l'extérieur, qui peut consolider au mieux les acquis et développer l'entreprise.

À ce titre, Gucci est un exemple à la fois typique et tragique. L'enseigne de mode lancée par Guccio Gucci au début du XXe siècle a évolué sous l'égide d'Aldo, son fils talentueux et ambitieux, dont le regard vif et la main ferme sont devenus synonymes du style italien haut de gamme. Cependant, à cause de descendants et de parents mal formés, le plus souvent dépourvus de talent, et convoitant une part croissante du gâteau, la stratégie commune a cédé la place à des luttes intestines acharnées entre egos. Ces querelles se sont terminées par la mort du neveu d'Aldo, Maurizio, tué en 1995 par un tueur à gage recruté par son ex-femme.

L'ordre n'a été restauré qu'une fois la famille Gucci chassée de l'entreprise qui porte toujours son nom.

Savoir tout changer

Un bon leader doit savoir ce qu'il veut atteindre pour établir efficacement un ordre du jour et le communiquer à ceux qui seront chargés de le mettre en œuvre. Ce plan peut être défensif ou offensif selon les vents économiques dominants. Cette capacité à tout changer à n'importe quel moment pour s'adapter aux conditions changeantes est une qualité de leadership importante. De même, passer de l'offensive à la défensive – en apparence du moins – est une tactique particulièrement utile dans des négociations afin de démasquer les véritables intentions des personnes autour de la table et ainsi d'obtenir les meilleurs résultats. *Vice*, magazine punk grand public, hégémonique et particulièrement oxymorique, s'est construit sur une succession de bluffs en matière de distribution et de soutien qui n'existaient pas jusqu'à ce que ce soit le cas, grâce à ses tactiques.

Sun Tzu nous rappelle que « quand vous n'êtes pas sûr de l'emporter, défendez-vous ; quand vous êtes sûr de la victoire, attaquez ».

Le retrait rapide de la mondialisation est une vaste tactique défensive issue de préoccupations géopolitiques et existentielles omniprésentes. Faites votre choix parmi la pandémie, la guerre, le changement climatique, la sécurité énergétique ou de nombreux autres sujets. Lorsque le monde est inquiet, les gouvernements se replient sur eux-mêmes et passent en mode survie. Dans ces moments, la libéralisation des échanges internationaux passe au second plan, bien souvent pour être supplantée par le protectionnisme et le rapprochement de la production (nearshoring) ou la relocalisation (onshoring).

Toutefois, la confiance envers un mode de développement plus durable qui marque le XXIe siècle – par contraste avec la consommation totalement injustifiée du siècle précédent – ne veut pas dire que le terme commerce soit brusquement devenu un mot à proscrire. L'écologisation n'a pas paru sonner le glas de la concurrence car les acteurs plus éclairés d'aujourd'hui, qui prennent en compte les personnes et la planète, sont toujours autant focalisés sur les bénéfices que l'étaient leurs prédécesseurs. Cela signifie que, bien qu'ils soient soumis à des réglementations qui les obligent à agir ou à opérer d'une certaine manière, lorsqu'ils estiment que le moment est venu de passer à l'offensive, ils ne se retiendront pas.

Lorsqu'il dit : « Voir la victoire seulement quand elle est manifeste n'est pas le summum de l'excellence », Sun Tzu nous rappelle que l'intelligence est l'apanage de quelques-uns, pas du plus grand nombre.

Des leaders efficaces doivent posséder une capacité élevée à se frayer un chemin à travers le chaos, déroulant toutes sortes de scénarios potentiels pour s'assurer que si « X » se produit, alors la réponse sera « Y ». Une telle ardeur au travail réduit à coup sûr le risque d'échec et augmente les chances de réussite. Pour un œil non averti, cette dernière semblera avoir été obtenue facilement car le chef diligent, sage et imperturbable l'aura fait croire en se renseignant consciencieusement. Nous pouvons donc conclure que la fiche de poste de général consiste à superviser la réussite de l'armée, pas à poursuivre une gloire personnelle qui ne fait en rien avancer les intérêts de l'État.

Il en va de même pour le chef d'entreprise actuel qui doit faire la distinction entre la voie de l'ego et la situation réelle pour l'intérêt général de l'entreprise. Dans la phrase « une victoire applaudie par tous n'est pas non plus le summum de l'excellence », *L'Art de la guerre* établit clairement que la notoriété et la renommée ne devraient pas être la motivation du chef.

Dans le chapitre quatre, Sun Tzu nous rappelle également l'importance de la nature de l'appel à l'action du chef. Comprenez bien le cri de ralliement et tous les intervenants se regrouperont autour de lui. C'est un complément essentiel à la méthode et à la discipline rationnelles qui doivent s'appliquer pour que l'armée ou l'entreprise fonctionnent comme une machine bien huilée. Cela apportera le « pourquoi » à l'équation ainsi que le « comment », ce qui sert à unir l'entreprise car aussi bien le personnel, les investisseurs que les clients sauront ce qu'elle représente et là où elle se dirige.

Planifier l'élimination du risque

L'Art de la guerre décrit de manière très claire et précise la séquence de méthodes militaires à déployer, avec « en premier l'appréciation du terrain, puis l'estimation des forces, du nombre des hommes, du rapport des forces et finalement des chances de victoire ».

Lorsque cette séquence est appliquée au monde des affaires d'aujourd'hui, nous voyons que Sun Tzu souligne l'importance des renseignements et de la préparation pour fixer le cap du succès de l'entreprise. Le chef doit d'abord effectuer une évaluation globale des occasions et des risques puis ajouter cette couche plus éclairée à la couche des connaissances antérieures.

Ces différentes strates incluront une analyse exhaustive du marché, de l'entreprise et de la concurrence – analyse fondée non sur la conjecture ou des notions fantaisistes, mais sur des faits basés sur des données. Par conséquent, le leader accompli sera capable d'identifier les points forts internes à canaliser et à développer encore plus ou d'identifier les avantages des rivaux dont il faut se méfier. Peut-être encore plus important, cet examen approfondi lui permettra de mettre le doigt sur des défaillances internes qui entravent l'entreprise et – pourvu qu'il possède l'humilité requise – d'admettre et de traiter ses faiblesses personnelles qui obscurcissent parfois son jugement et conduisent à des résultats peu satisfaisants. Une fois ces analyses associées aux nombreuses connaissances sur les failles dans l'armure de ses concurrents, le chef possédera une vision globale de toutes les forces dominant le champ de bataille. Ce faisant, il peut guider résolument l'entreprise vers la réalisation de ses objectifs.

La culture de la réussite

L'effet profondément positif d'avoir accompli la mission, aussi modeste soit-elle par son ambition, ne devrait pas être sous-estimé comme moyen de motiver et de remonter le moral. Les gens aiment gagner. Le succès appelle le succès et il est vrai que les gens s'habituent à réussir. De même, si une entreprise ne possède pas une culture de la réussite, alors l'empressement des employés à se surpasser pour atteindre les objectifs n'existe pas puisqu'ils en sont venus à accepter l'idée qu'il est normal de « se débrouiller ». C'est ce qu'un dirigeant d'entreprise d'aujourd'hui peut apprendre de *L'Art de la guerre* quand Sun Tzu dit qu'« une armée victorieuse comparée à une armée vaincue est juste comme un poids d'une livre par rapport au poids d'un seul grain ».

Les consommateurs et les investisseurs souhaitent aussi être associés à la réussite. Une entreprise qui décroche des parts de marché fait la une de la presse et bénéficie d'une dynamique d'entraînement. Elle est porteuse d'avenir, les affaires et les soutiens affluent vers elle. À l'inverse, une entreprise confrontée à un ralentissement des ventes et à une part du gâteau plus petite que celle à laquelle elle était habituée aura du mal à donner un sens positif à cette période. Elle risque donc de subir une hémorragie de ses soutiens, à moins de renverser la tendance.

Habituellement, cela nécessite une modification radicale de l'image ou une nouvelle approche innovante, mais si le dirigeant ou le général ne connaît qu'une seule voie vers la réussite, il lui sera difficile de s'adapter aux nouvelles circonstances.

Prenons l'exemple de Blockbuster Video, entreprise de location de jeux vidéo et de vidéo à domicile, qui dominait le marché dans les années 1990. Cependant, elle n'a pas voulu voir venir le nouveau mode de consommation numérique de films jusqu'à ce qu'il soit trop tard. Son équipe dirigeante s'est enfoncée dans une spirale infernale en restant accrochée envers et contre tout à ses magasins physiques obsolètes. Apparemment, elle a dû devenir accro aux pertes, tellement sa réaction était déroutante malgré les preuves accablantes qu'il fallait adopter une approche différente.

Qui plus est, les dirigeants ont eu assez de temps. L'entreprise était dans une position enviable, et en apparence indétrônable, de monopole virtuel ; elle avait même eu la possibilité de pérenniser son avenir en achetant Netflix en 2001 pour le prix dérisoire de 50 millions de dollars. Dans le pire des cas, une telle occasion peu risquée lui aurait permis d'assurer ses arrières et de garder un pied dans les deux camps. Mais les dirigeants ont persévéré dans un modèle économique manifestement dépassé et ont continué à mal identifier la principale concurrence. Leur attitude a donc conduit à une chute du chiffre d'affaires et du cours de leur action puis à fermer massivement les magasins jusqu'à ce que les signes soient clairs : la banqueroute et la faillite frappaient à la porte.

Voilà un exemple de défaite. Illustrons maintenant l'effet boule de neige d'une victoire, à travers la carrière du chanteur Elvis Presley. Ce jeune homme si différent captivait tellement la jeunesse d'une nation frustrée par l'austérité culturelle interminable d'après-guerre qu'il est rapidement devenu sa plus grande vedette.

Plus il vendait de disques, plus il passait à la radio, et plus il apparaissait à la télévision. L'essor de la publicité et de la promotion gratuites a fait écho à celui des audiences, si bien que les ventes de disques se sont envolées. Hollywood l'a appelé et l'argent n'a cessé de couler à flots.

La marque a rapidement fini par transcender l'homme et aujourd'hui, elle reste plus que jamais emblématique, plusieurs décennies après sa mort. Poule aux œufs d'or inépuisable pour ceux qui contrôlent son patrimoine et en tirent profit, elle a de quoi faire rêver.

Par conséquent, la réussite engendre la réussite et le marché a bien du mal à résister à cette dynamique.

Sun Tzu connaissait certainement sa valeur lorsqu'il cherchait à percer les défenses d'un ennemi en apparence inébranlable. Il écrit d'ailleurs qu'« une armée victorieuse a la puissance d'une chute d'eau tombant dans un gouffre sans fond ».

CHAPITRE 5

LA PUISSANCE

兵 勢

1 Sun Tzu dit: Commander une grande troupe n'est pas différent que de commander quelques hommes; l'essentiel est la manière dont la troupe est répartie en unités.

2 Déployer une grande armée dans la bataille n'est pas différent que de combattre avec une armée peu nombreuse. C'est simplement une question d'organisation et de communication.

3 Pour qu'une armée ait la certitude de supporter le choc d'une attaque ennemie sans connaître la défaite, elle doit faire appel à des forces directes et indirectes.

4 Pour que l'attaque de votre armée ait la force d'une meule écrasant un œuf, elle doit maîtriser la science des points forts et des points faibles.

5 En règle générale, la force directe sert à l'attaque, mais c'est la force indirecte qui assure la victoire.

6 Efficacement utilisées, les tactiques indirectes sont aussi infinies que le ciel et la terre, inépuisables comme les fleuves et les océans. Comme le soleil et la lune, elles s'estompent puis renaissent, se renouvelant sans cesse comme le cycle des saisons.

7 La musique n'a que cinq notes, pourtant on n'arrivera jamais à entendre toutes leurs combinaisons infinies.

8 Il n'y a que cinq couleurs primaires, pourtant on n'arrivera jamais à distinguer toutes leurs innombrables nuances.

9 Il n'y a que cinq saveurs, pourtant on n'arrivera jamais à goûter tous leurs mélanges.

10 De même, la stratégie militaire se résume à deux méthodes d'attaque – la directe et l'indirecte –, pourtant leurs combinaisons permettent des manœuvres sans nombre.

11 Elles s'engendrent l'une l'autre naturellement, comme une roue en perpétuel mouvement. Qui pourra jamais épuiser les possibilités de leur combinaison ?

12 L'attaque des troupes est pareille à l'eau rapide du torrent qui fait rouler les galets.

13 La qualité de la décision est comme la descente en piqué du faucon qui frappe et tue sa proie.

14 Le guerrier habile allie la puissance implacable de l'attaque et la promptitude sans défaut de la décision.

15 Sa puissance est la tension de l'arbalète bandée; sa décision, le déclenchement de la gâchette.

16 Dans le vacarme indescriptible de la bataille, vos troupes semblent chaotiques, mais rien ne peut semer le désordre dans leurs rangs; dans le tumulte et la confusion, vos rangs semblent sans queue ni tête, mais restent invincibles.

17 L'apparente confusion présume une véritable discipline, la fausse lâcheté, le courage, et la prétendue faiblesse, la force.

18 Cacher l'ordre sous l'apparence du désordre n'est qu'une question de déploiement, dissimuler le courage sous une apparence de lâcheté suppose la puissance latente. Des dispositions tactiques permettront de faire passer la force pour faiblesse.

19 Un général habile à tromper l'ennemi se sert de la tactique pour pousser celui-ci à le poursuivre, lui offre un sacrifice pour l'attirer.

20 En lui tendant des appâts, il le tient en haleine; puis place ses troupes en embuscade pour l'attendre en force.

21 Le général avisé s'appuie sur la puissance entière de la troupe, pas sur la prouesse individuelle. Il sait choisir ses meilleurs hommes afin de tirer parti de la situation.

22 Dans la bataille, la puissance collective de ses hommes a le pouvoir des rondins et des grosses pierres en train de dévaler les pentes. Il est naturel que les rondins et les pierres ne bougent pas sur un sol plat mais roulent sur une pente; carrés, ils s'arrêteront rapidement, ronds, ils continueront de rouler.

23 La puissance développée par les guerriers expérimentés est semblable à une pierre ronde dévalant la pente d'une montagne haute de mille pieds. Telle est sa puissance.

Ce n'est pas ce que vous faites qui compte, c'est la façon dont vous le faites

Pour Sun Tzu, la capacité à exploiter, réguler et diriger la puissance d'une armée, de sorte qu'elle soit appliquée en bonne quantité, de la bonne manière et au bon endroit, fait toute la différence. Il ne suffit pas d'avoir une armée puissante que l'on peut lancer dans la bataille en comptant sur la force du nombre.

Une armée est une machine complexe et subtile, composée de nombreuses parties en mouvement pouvant être employées de façons pratiquement infinies. Oui, l'objectif est de gagner, ou d'éviter de perdre, mais l'apparence de la réussite peut varier. Comme les facteurs en jeu diffèrent à chaque fois que le général est engagé dans la bataille, c'est à lui de rassembler la liste parfaite d'ingrédients pour le combat et de les combiner, comme seul un maître de chai peut le faire, afin que cela ait un retentissement et un impact sur le champ de bataille.

Il en va de même pour le dirigeant d'entreprise quand il puise dans les bonnes ressources pour un projet.

Vous souhaitez remodeler ou réparer l'image d'une entreprise ? Ouvrez une séance de réflexion avec votre équipe de relations publiques.

Vous avez décidé d'étendre votre gamme de produits ? Votre service R&D aura peut-être besoin d'une rallonge budgétaire.

Vous faites face à une action en justice inattendue ? Cela pourrait être le moment d'intégrer ou de constituer une équipe de juristes en interne.

Cela ne veut pas dire que, dans les exemples ci-dessus, ces seuls services seraient chargés d'atteindre l'objectif ; cela signifie plutôt que leur importance à ce moment-là serait plus forte que dans le cours normal des choses. Cette importance pourrait prendre plusieurs formes : le temps passé à travailler directement avec l'équipe dirigeante, le niveau d'autorité exécutive temporairement accordée ou les coûts affectés à la fonction correspondante, qu'il s'agisse d'un service, d'un produit ou d'un programme.

Organisation et communication

En réalité, il est essentiel que les priorités de l'entreprise soient communiquées du haut vers le bas de l'organisation, quelle que soit la taille de celle-ci. Il faut qu'elles s'y diffusent et qu'elles l'imprègnent depuis les couloirs du pouvoir jusqu'à la ligne de front, garantissant une réflexion collective sur un objectif commun.

Sun Tzu le décrit ainsi : « Déployer une grande armée dans la bataille n'est pas différent que de combattre avec une armée peu nombreuse. C'est simplement une question d'organisation et de communication. »

La stratégie doit être décomposée en procédures, actions, échéanciers et responsabilités spécifiques et bien comprise pour qu'elle soit mise en œuvre avec efficacité. Elle pourra améliorer la productivité et la conformité aux réglementations en assurant des performances et une qualité homogènes. Cependant, des changements stratégiques ou d'énoncés de missions jugés bénéfiques pour l'entreprise requièrent souvent des changements opérationnels ; ces derniers doivent parfois être lancés au dernier moment lorsque les conditions sont anormales ou dans des cas d'urgence. S'ils sont mal gérés, cela peut déconcerter ceux qui sont en première ligne. Une communication claire est donc fondamentale.

À une époque où les entreprises sont de plus en plus conscientes des questions environnementales, sociales et de gouvernance, l'« organisation et la communication » de Sun Tzu doivent peut-être aussi être transmises en dehors des murs de l'entreprise, du haut en bas de la chaîne allant des fournisseurs aux sous-traitants. La façon dont les émissions de gaz à effet de serre des entreprises sont mesurées et évaluées sous forme d'émissions de type 1, 2 et 3 est un parfait exemple de cette organisation et de cette communication. Cette évaluation offre aux entreprises des informations pour réduire leurs émissions sur l'ensemble de la chaîne.

Guérillas d'entreprise

Dans le chapitre cinq, Sun Tzu se penche sur les manœuvres que le général fait exécuter à ses armées d'une manière adaptée à la problématique. Il préconise de combiner deux méthodes, en utilisant à la fois l'approche directe, pragmatique et rendant coup pour coup, et l'approche indirecte, plus subtile et moins visible, afin de dérouter et de sidérer l'adversaire. Le chef d'entreprise doit lui aussi adopter les deux *modi operandi* pour rester imprévisible et difficile à cerner par la concurrence. Cela veut dire utiliser moins de ressources conventionnelles à sa disposition pour se mesurer ou se défendre face à un rival plus grand et mieux implanté.

Au Royaume-Uni, la chaîne de supermarchés discount Aldi s'est retrouvée dans l'embarras face à une vénérable enseigne grand public, Marks & Spencer – enseigne prisée des personnes d'âge mûr et de la classe moyenne. Cette dernière avait déclaré que Cuthbert the Caterpillar d'Aldi, gâteau roulé au chocolat en forme de chenille, ressemblait trop à l'original, plus coûteux, nommé Colin the Caterpillar. En conséquence, Marks & Spencer poursuivait Aldi en justice pour violation du droit d'auteur.

Bien que l'affaire ait pu être fondée, Aldi a choisi de tourner en ridicule son rival plus haut de gamme devant le tribunal de l'opinion publique, à travers ses publications sur les réseaux sociaux. Le public les a beaucoup appréciées et même si Aldi a dû retoucher son produit afin qu'il soit conforme à un accord à l'amiable non divulgué, son approche indirecte du litige a conquis le cœur de nombreux consommateurs. Cela a constitué une victoire bien plus importante en fin de compte. Sun Tzu aurait été fier !

La conjoncture difficile, marquée par des préoccupations liées au coût de la vie – contexte dans lequel cette séquence s'est déroulée – contribue toujours à accroître l'attractivité des magasins d'alimentation moins chers. Marks & Spencer aurait dû être à la fois vigilant et sensible à ce contexte. Il aurait dû célébrer ses références et communiquer dessus, au lieu d'entrer en conflit avec un concurrent qu'un grand nombre de ses clients avaient peut-être déjà pensé à tester, tout en résistant par loyauté à la marque et par conviction qu'un détaillant plus cher était plus en accord avec leur identité et leurs valeurs. Par conséquent, son action directe et maladroite a semblé non seulement dépourvue d'humour et contre-productive, mais aussi insensible et mesquine. Dans la droite ligne d'une approche à la David, on a eu l'impression qu'Aldi avait réussi à jeter une pierre Twitter en apparence anodine sur le Goliath britannique de la vente au détail, touchant directement ce dernier au passage.

Le maître de chai

Dans les passages 7 à 9, Sun Tzu se sert d'analogies avec les notes de musique, les couleurs et les saveurs pour faire passer son idée que c'est la façon dont on assemble les choses qui distingue l'ouvrier du maître artisan. Ce dernier est capable de puiser dans la boîte à outils infinie des choix pour créer la combinaison parfaite d'actions et de manœuvres nécessaires pour damer le pion à l'adversaire et parvenir au succès.

Depuis son irruption sur la scène culturelle dans les années 1950, le rock a évolué en un style musical reconnu et le corpus d'œuvres n'a cessé de grossir. Bien que les mélodies puissent être apparemment arrangées à l'infini, la combinaison d'influences musicales inconscientes et le fait que le rock utilise des suites d'accords normalisées signifie qu'à certaines oreilles, des chansons différentes peuvent paraître remarquablement similaires. Pour l'artiste qui a écrit le premier morceau, cela peut provoquer un ressentiment bouillonnant si son influence ne reçoit pas la reconnaissance à laquelle il estime avoir droit, surtout si les chansons ultérieures ont permis d'engranger des millions. Des personnalités narcissiques, paranoïaques et jalouses sont particulièrement sujettes à des perspectives biaisées : elles intentent donc des actions en justice avec la conviction erronée que leur morceau original a été délibérément plagié.

En vérité, outre des différences subtiles mais importantes dans l'arrangement, l'artiste plus couronné de succès a tiré parti de toutes sortes de circonstances, y compris de l'avantage que lui ont octroyé sa gloire et sa reconnaissance. Le succès ne se limite pas à détenir le produit fini. C'est aussi ce que vous en faites, et c'est là où les notions d'anticipation du marché et de réseau de soutien entrent en lice. Bien que ceux qui plagient délibérément, optant pour un raccourci vers la notoriété et la fortune, doivent être dénoncés, les raisons de ces actions en justice sont en général fallacieuses et dans la plupart des cas, sans fondement.

C'est comme dire qu'une armée *aurait dû* gagner sur le champ de bataille alors qu'en fait, elle a perdu.

Le meilleur leader a gagné parce qu'il a compris ce que cela coûtait d'écrire un tube et qu'il fallait travailler en équipe pour en faire un succès. C'est pourquoi la grande majorité des cas de ce genre, y compris ceux impliquant des mégastars comme Taylor Swift ou Ed Sheeran, sont classés sans suite.

Cela ne veut pas dire pour autant que certaines plaintes ne sont pas légitimes. Certains cas sont célèbres, notamment celui concernant le patrimoine de Marvin Gaye, légende de la Motown : en 2015, ses représentants ont fait valoir avec succès au tribunal que le mégahit de Robin Thicke et de Pharrell Williams, *Blurred Lines*, devait beaucoup au morceau *Got to Give it Up* de Gaye, écrit en 1977. Résultat, Marvin Gaye, décédé depuis longtemps, s'est vu accorder des crédits d'écriture de chanson à titre posthume qui se sont traduits par des millions de dollars.

Du fait de la publicité entourant ces enjeux, les musiciens deviendront probablement plus circonspects quant à leurs influences. Lors de discussions sur leur style ou sur leur ressenti, ils s'abstiendront de faire part des œuvres antérieures dont ils se sont inspirés pour une chanson particulière. Tout cela par crainte que n'importe quels propos inconsidérés ne fassent naître des idées de pactole chez des ayants droit qui, jusqu'à présent, n'avaient pas eu conscience des occasions de gagner de l'argent que représentaient de tels hommages musicaux. En ce qui concerne Sun Tzu, cette astuce constitue des tactiques de défense indirectes face à des assauts de guérilla également indirects qui peuvent de plus en plus venir de toutes parts et n'importe quand.

De bons vieux assauts

Pourtant, dans ce chapitre de *L'Art de la guerre*, il est clairement établi qu'une armée doit se méfier des tactiques directes mais aussi s'en servir. La valeur de ces tactiques ne doit pas être oubliée car elles offrent la possibilité de soumettre l'ennemi à une série d'assauts incessants auxquels il peut être difficile de résister à cause de leur nombre considérable.

Pour une entreprise, une telle vague d'attaques sur le marché peut entraîner avec succès la soumission de la concurrence.

Par conséquent, lorsque Sun Tzu écrit que « l'attaque des troupes est pareille à l'eau rapide du torrent qui fait rouler les galets », nous pouvons en déduire qu'une commercialisation rapide d'une série de produits nouveaux encore meilleurs ou d'améliorations d'un service détient la capacité d'écraser la concurrence. Si un rival ne réagit pas à temps, l'attrait et l'enthousiasme générés par son adversaire peuvent provoquer une perte rapide de ses parts de marché, une érosion catastrophique de ses bénéfices et la chute libre du cours de son action.

L'iPhone d'Apple illustre parfaitement ce type de dynamique et d'attrait irrésistibles. Commercialisé au départ en 2007, ce téléphone portable intelligent, développé dans le plus grand secret, a ébloui le marché comme jamais auparavant grâce à son interface logicielle de qualité informatique associée à un matériel de premier ordre.

Grâce à des fonctionnalités inédites et à un design branché soutenus par la force de la marque et la puissance de son marketing, la société dirigée par Steve Jobs a réussi à démocratiser les Smartphones. Elle a rapidement conquis le marché qui voulait toujours plus et mieux, grâce à ses versions ultérieures presque annuelles : chaque nouveau modèle était attendu avec impatience. Les consommateurs étaient convaincus qu'il marquait un progrès important par rapport à son prédécesseur et ils savaient pertinemment que le fait de le posséder serait synonyme d'avoir à coup sûr le droit de se vanter.

Qui plus est, les partisans loyaux de l'iPhone étaient – et sont encore aujourd'hui – prêts à ignorer son prix exorbitant, à tel point que la succession de commercialisations en rafale a fini par rayer de la carte des concurrents mal préparés comme BlackBerry et Nokia qui ont cherché une réponse – n'importe laquelle – pour contre-attaquer, en vain. Comme le dit Sun Tzu, « la qualité de la décision est comme la descente en piqué du faucon qui frappe et tue sa proie ».

Les derniers paragraphes du chapitre sur la puissance de *L'Art de la guerre* rappellent que les apparences peuvent être trompeuses. Lorsqu'il écrit que « dans le vacarme indescriptible de la bataille, vos troupes semblent chaotiques, mais rien ne peut semer le désordre dans leurs rangs ; dans le tumulte et la confusion, vos rangs semblent sans queue ni tête, mais restent invincibles », Sun Tzu tient à informer le lecteur qu'il n'y a rien de grave à ce que l'ennemi pense que le chaos règne en maître dans les rangs de son adversaire, tant que l'inverse est vrai.

Et lorsqu'on applique ce précepte à l'économie, même si notre propre équipe ne peut atteindre l'objectif qu'elle a été chargée d'atteindre ni comprendre à quel point il correspond à un modèle stratégique global, il y a des moments – en particulier ceux qui sont critiques et où tout le monde est mobilisé – ou soit le leader n'a pas la possibilité d'expliquer le « pourquoi », soit l'équipe ne voit aucun intérêt à prendre le risque de fuites ou à entamer un dialogue en communiquant trop. Ce sont des moments où il est légitime pour le dirigeant d'invoquer l'autorité exécutive et d'attendre que ses employés lui fassent confiance.

Dans certains cas, le chef d'entreprise montrera volontairement de la confusion ou communiquera un faux récit, étant entendu que cela filtrera jusqu'à la concurrence qui fera alors une fausse manœuvre s'appuyant sur des suppositions incorrectes. C'est un autre outil à la disposition du leader avisé. Et comme le fait remarquer Sun Tzu, « un général habile à tromper l'ennemi se sert de la tactique pour pousser celui-ci à le poursuivre, lui offre un sacrifice pour l'attirer. »

CHAPITRE 6

FORCES ET FAIBLESSES

虛實

1 Sun Tzu dit: En règle générale, l'armée arrivée en premier sur le terrain de bataille et attendant l'ennemi sera reposée, l'armée arrivant en dernier et obligée de se précipiter dans la bataille sera fatiguée et affaiblie.

2 Un guerrier habile impose sa volonté à l'ennemi et ne se laisse pas imposer la volonté de celui-ci.

3 En lui faisant miroiter un avantage, il peut attirer l'ennemi ou, en lui infligeant des dommages, il peut le tenir à distance.

4 Si l'ennemi prend ses aises, il l'éveille. Si l'ennemi a des provisions, il l'affame. Si l'ennemi s'arrête, il le force à bouger.

5 Il est là où l'ennemi a du mal à se défendre et lance des attaques éclair à l'improviste.

6 Tant qu'il ne rencontre pas d'ennemis sur son chemin, il peut faire parcourir de grandes distances à son armée.

7 Pour l'emporter toujours, il attaque des lieux qui ne sont pas défendus. Pour être bien défendu, il installe ses défenses aux endroits que l'ennemi ne peut pas attaquer.

8 Quand il affronte un guerrier expert à l'attaque, l'ennemi ne sait pas où se défendre; face à un guerrier expert à la défense, l'ennemi ne sait pas où attaquer.

9 Art divin de la subtilité et du secret! Grâce à toi, nous apprenons à être invisibles et à bouger sans bruit. Le sort de l'ennemi est entre nos mains.

10 Vous pouvez avancer sans être contré si vous foncez sur les points faibles de l'ennemi. Pour vous retirer sans être poursuivi, déplacez-vous si rapidement que l'ennemi n'arrive pas à vous rattraper.

11 Si vous voulez inciter l'ennemi à combattre, même s'il est replié derrière la plus profonde des douves et le plus haut des remparts, attaquez-le là où il sera obligé de se défendre.

12 Si vous ne désirez pas affronter l'ennemi, même si vos défenses ne sont qu'une simple ligne tracée sur le sol, l'attaque sera évitée en le détournant de son objectif.

13 Si vous arrivez à connaître les dispositions de l'ennemi tout en restant invisible, vous gardez vos forces unies alors qu'il disperse les siennes pour parer à toute éventualité.

14 Si vous formez un corps unique alors que l'ennemi doit se diviser en dix, les chances sont de dix contre un en votre faveur.

15 Si votre force est supérieure, attaquez l'ennemi peu nombreux et vous le vaincrez.

16 Si vous maintenez l'ennemi dans l'ignorance de votre point d'attaque, il sera forcé de se préparer à une possible attaque sur plusieurs fronts. Ses forces ainsi éparpillées, celles que vous aurez à combattre en un point donné seront réduites.

17 Si l'ennemi renforce ses premiers rangs, il affaiblit son arrière-garde ; s'il renforce son arrière-garde, il affaiblit ses premiers rangs ; s'il renforce son flanc gauche, il affaiblit le droit, et s'il renforce son flanc droit, il affaiblit le gauche. S'il tente de renforcer l'ensemble de ses positions, toutes seront faibles.

18 L'infériorité numérique naît de l'obligation de se préparer à d'éventuelles attaques ; la supériorité numérique, de la contrainte imposée à l'ennemi de se prémunir contre une attaque.

19 Si vous connaissez d'avance le moment et le lieu de l'engagement, vous pouvez parcourir de plus grandes distances et livrer bataille.

20 Si vous ignorez les deux, votre flanc gauche ne pourra pas venir en aide au droit, le droit sera tout aussi impuissant à prêter main-forte au gauche, l'avant-garde sera incapable de soulager l'arrière-garde et l'arrière-garde de soutenir l'avant-garde. Imaginez la pagaille si les divers éléments de votre armée sont séparés par quelque cent *li* ou même seulement par quelques *li* !

21 D'après moi, l'armée de Yue est plus nombreuse que la nôtre, mais cet avantage ne lui apportera certes pas la victoire. La victoire nous appartiendra.

22 Même si l'ennemi a plus d'hommes, nous pouvons l'empêcher de combattre. Percez à jour les intentions de l'ennemi et ses chances de succès.

23 Provoquez-le pour comprendre la dynamique de ses mouvements et de ses arrêts. Forcez-le à se déployer là où vous pouvez étudier ses dispositifs pour déterminer leurs forces et leurs faiblesses.

24 Harcelez-le afin de repérer où il est à court d'hommes et où il en a trop.

25 Le savoir-faire suprême est de cacher à l'ennemi vos dispositifs tactiques. Dissimulez-les, pour qu'ils échappent à la plus soigneuse des surveillances et restent invisibles à l'esprit le plus sagace.

26 Les gens ordinaires ne peuvent pas comprendre comment ménager ses victoires à partir des dispositifs mêmes de l'ennemi.

27 Tous ne voient que la tactique assurant la victoire, aucun ne peut voir le stratagème qui la sous-tend.

28 Ne répétez jamais la stratégie qui vous a offert une victoire, servez-vous de la diversité infinie de circonstances dont vous disposez.

29 La stratégie militaire est comme l'eau, qui fuit naturellement les hautes terres pour se précipiter vers les basses terres.

30 À la guerre, évitez les points forts de l'ennemi et attaquez ses points faibles.

31 L'eau adapte son cours aux accidents du terrain qu'elle parcourt; pour vaincre, adaptez vos actions en vous appuyant sur les dispositifs de l'ennemi.

32 Rien n'est immuable à la guerre, pas plus que l'eau n'a de forme précise.

33 Un général qui remporte la victoire en modifiant ses tactiques selon la situation de l'ennemi maîtrise l'art des Immortels.

34 Aucun des cinq éléments (eau, feu, bois, métal, terre) ne domine constamment; aucune des quatre saisons ne dure à jamais. Le soleil se lève et se couche, la lune croît et décroît.

Improviser, s'adapter, vaincre

Les conditions sur le champ de bataille et sur le marché ne cessent de changer et le meilleur leader est une personne parée à toutes les éventualités, préparée et capable d'affronter n'importe quel aléa.

Cela dit, bien que les plus rusés puissent s'imposer même lorsque les chances sont contre eux et qu'il puisse être utile d'être dans un état d'esprit fait d'agitation et de débrouillardise, propre à celui de l'outsider, on préfère toujours ne pas être défavorisé.

Sun Tzu introduit le chapitre six en abordant ces thèmes lorsqu'il explique que « l'armée arrivée en premier sur le terrain de bataille et attendant l'ennemi sera reposée ».

Dans le monde des affaires, cela correspond à l'avantage du précurseur. En effet, si une entreprise peut établir l'ordre du jour et fournir le produit ou service de référence à partir duquel tous ceux qui suivront seront jugés, la concurrence aura du pain sur la planche pour déloger la marque originale et devra se battre pour obtenir des parts de marché.

Cependant, être le précurseur n'est pas une fin en soi car il existe également l'avantage des nouveaux arrivants qui peuvent étudier le travail et les méthodes du pionnier ainsi que des prédécesseurs, afin de combler les lacunes du marché et d'identifier des innovations et des améliorations qui y trouveront un écho.

La capacité à exploiter de telles ouvertures dans le marché représente une grande victoire à peu de frais. Comme le dit Sun Tzu, « tant qu'il ne rencontre pas d'ennemis sur son chemin, il [le général] peut faire parcourir de grandes distances à son armée ».

Néanmoins, il est important de se souvenir qu'avec, à la fois, la technologie et le marché en perpétuelle évolution, un avantage est éphémère et fluctuant comme la marée.

Parfois, les plus grandes armées et les plus grandes marques se retrouvent cependant en position de faiblesse, même si elles semblaient avoir la haute main de manière apparemment durable et profonde. Ainsi, Coca-Cola a toujours apprécié d'avoir l'avantage sur son rival Pepsi depuis leur commercialisation à la fin du XIXe siècle. Cette situation a perduré jusque dans les années 1980 où les produits dérivés du sponsoring habile de Pepsi ont permis d'éclipser son grand rival.

Coca-Cola a paniqué puis riposté en lançant New Coke, qui s'éloignait de la formule et du goût originels. Suite au tollé sur le marché, la firme a été contrainte de battre précipitamment en retraite. Toutefois, au cours de péripéties que personne, sauf peut-être les esprits les plus cyniques, ne pouvait prétendre avoir prédit, la réapparition de la recette classique dans les rayons a enclenché un retour massif des clients vers une marque qu'ils avaient apparemment abandonnée un peu plus tôt. Coca-Cola a repris l'avantage dans la guerre du cola, et il l'a conservé jusqu'à aujourd'hui.

Travailler intelligemment, sans s'épuiser

À ce stade, *L'Art de la guerre* se préoccupe également du concept du travail intelligent plutôt qu'acharné.

Le sang, la sueur et les larmes d'une armée ne serviront à rien si celle-ci n'a pas été déployée en ayant un but spécifique en tête. De même, un manque d'orientation dans les affaires signifie qu'une main-d'œuvre et ses dirigeants peuvent croire qu'un haut niveau de l'industrie est en jeu, mais s'il n'y a rien à montrer, cela équivaut à une mauvaise utilisation des ressources.

Sun Tzu expose clairement au lecteur que rechercher la voie de la moindre résistance vers la terre promise constitue l'approche optimale lorsqu'il dit notamment : « Pour l'emporter toujours, il [le général] attaque des lieux qui ne sont pas défendus. Pour être bien défendu, il installe ses défenses aux endroits que l'ennemi ne peut pas attaquer. »

Cela signifie également de frapper l'ennemi ou la concurrence au niveau de ses points les plus vulnérables. Par exemple, si une entreprise rivale révèle des résultats pires que ceux attendus – ce qui suscite la méfiance du marché et la chute du cours de l'action, cela pourrait être le moment d'annoncer les bonnes nouvelles de votre entreprise, même si elles sont anciennes mais présentées sous un nouveau jour. Il pourrait s'agir du recrutement d'un nouvel expert, d'une innovation technologique, de l'amélioration d'un produit, d'une offre enrichie du service client ; tout, en réalité, contribue à distinguer votre entreprise et à l'associer à la réussite, au progrès et à la valeur ajoutée.

La comparaison ne passera probablement pas inaperçue – même si elle est uniquement reconnue inconsciemment par les cibles que vous cherchez à solliciter. Elle peut produire un effet maximal et rassurer aux dépens d'un rival, à un moment où il est, à l'inverse, perçu comme étant en difficulté.

De même, si votre entreprise est obligée de communiquer de mauvaises nouvelles, inutile de le crier sur les toits. Personne ne sera étonné d'apprendre que le vendredi après-midi, alors que les esprits sont tournés vers le week-end, est le moment préféré pour enterrer de piteuses nouvelles au milieu de ce qu'on appelle les « mauvaises nouvelles du vendredi ». Le lundi suivant, le cycle de nouvelles aura poursuivi sa route, le regard des médias sera tourné ailleurs et il sera moins possible pour la concurrence d'exploiter l'infortune de son rival. Comme le fait remarquer Sun Tzu, « face à un guerrier expert à la défense, l'ennemi ne sait pas où attaquer ».

Faire sortir la concurrence du bois

Les adversaires qui occupent une position en apparence imprenable ne sont malgré tout pas hors de portée. L'astuce consiste à les attirer sur un terrain où vous pourrez les concurrencer. Sun Tzu comprend parfaitement cela quand il dit : « Si vous voulez inciter l'ennemi à combattre, même s'il est replié derrière la plus profonde des douves et le plus haut des remparts, attaquez-le là où il sera obligé de se défendre. »

Cette capacité à rééquilibrer les chances afin qu'elles ne soient pas à votre détriment est essentielle dans les affaires. Bien que l'avantage du précurseur puisse lui avoir octroyé en apparence un monopole virtuel, son armure comportera des failles, comme par exemple le fait d'avoir délibérément écarté la concurrence. En effet, aux États-Unis, comme dans de nombreux autres pays, il existe de puissantes lois antitrust qui protègent la concurrence et les consommateurs. Grâce à ces dernières, de nouvelles entreprises peuvent tenter d'accéder à un marché ou faire valoir des conditions de concurrence équitables. Ensuite, elles peuvent s'introduire en se distinguant par un prix nettement plus bas ou par un produit plus convivial.

Microsoft illustre idéalement ce cas : au tournant du millénaire, la société a été contrainte d'ouvrir à la concurrence son système d'exploitation, après des poursuites judiciaires interminables pour exclusion de concurrence. Après quoi, les fabricants d'ordinateurs ont pu installer légalement un navigateur non Microsoft tournant sur un système d'exploitation de Microsoft. Cela a entraîné la disparition d'Internet Explorer qui était anachronique et la défaite à plate couture de Microsoft dans la guerre des navigateurs. Le géant de l'informatique de Seattle avait négligé, avec suffisance, d'améliorer son navigateur afin qu'il reste adapté aux besoins, en prévision d'une future concurrence potentielle. Il s'est ensuite retrouvé contraint de concentrer son attention ailleurs, pour défendre l'indéfendable, se laissant vulnérable aux attaques. Sun Tzu ne l'aurait pas mieux écrit.

Dans ce chapitre, le vénérable stratège chinois rappelle également au lecteur qu'un homme averti en vaut deux, moyennant quoi une connaissance préalable équivaut à un avantage tactique. Naturellement, pour le chef d'entreprise actuel, l'espionnage industriel est illégal : l'acquisition et/ou l'utilisation des informations propriétaires d'une entreprise relève du vol ou de la fraude. Cependant, nous pouvons retenir de l'enseignement de Sun Tzu que la connaissance de ce qui existe ou de ce qui va probablement arriver offre la possibilité d'établir des plans et de se préparer.

« Si vous connaissez d'avance le moment et le lieu de l'engagement, vous pouvez parcourir de plus grandes distances et livrer bataille », dit-il.

Il en a été de même pour ces entreprises pharmaceutiques qui attendaient leur heure lorsque le brevet de 20 ans de Pfizer sur le Viagra, son médicament révolutionnaire à l'énorme succès sur les troubles de l'érection, a expiré après différentes étapes juridiques. À partir de 2012, des rivaux ont ainsi été autorisés à introduire sur le marché leur version générique du médicament.

Toutes les parties connaissaient le lieu et le moment de cette bataille et n'avaient aucune excuse de ne pas s'y être préparées. Résultat, bien que les parts de marché dominantes du Viagra se soient sans surprise substantiellement érodées, du fait qu'une série d'alternatives à prix réduit avait été approuvée et commercialisée, le Viagra reste aujourd'hui le leader du marché grâce à une image de marque extraordinairement forte. Qui plus est, sachant ce qui l'attendait, le laboratoire a adapté son modèle économique et a répondu en lançant sa propre version générique du Viagra meilleure marché, amortissant ainsi le coup.

La provocation est un moyen légitime pour une entreprise de découvrir les projets et les intentions d'un concurrent et d'identifier ses points faibles. À ce propos, Sun Tzu dit d'ailleurs : « Provoquez-le pour comprendre la dynamique de ses mouvements et de ses arrêts. Forcez-le à se déployer là où vous pouvez étudier ses dispositifs pour déterminer leurs forces et leurs faiblesses ».

Lancer publiquement un appât à travers un grand nombre de canaux médiatiques – de manière explicite ou implicite – peut permettre d'obtenir une réponse de la part d'une partie agacée. Cependant, loin de réussir à écarter une question épineuse, une réaction peut plutôt servir à mettre davantage en lumière le sujet en question. Cela alerte le provocateur sur le fait qu'il a touché un point sensible, confirmant par là même une vulnérabilité suspectée qui peut désormais être exploitée.

Bien souvent, un silence digne, à la manière de la famille royale britannique de « ne jamais se plaindre, ne jamais expliquer », est le meilleur moyen d'avancer. En effet, il ne confirme rien, il étouffe les ragots et donne à l'entreprise l'air de ne pas avoir été perturbée et d'avoir des choses plus importantes à faire que de répondre à des railleries de cour d'école. Ainsi, la réponse de la maison de Windsor au savon très public de l'un de ses membres a été remarquable par son absence : de fait, la publication de l'autobiographie du prince Harry, intitulée *Le suppléant*, était remplie de déclarations sensationnelles potentiellement dommageables pour la réputation de la famille royale.

Une réfutation vigoureuse pourrait donner l'impression fugace d'être libératrice mais à moins qu'on soit légalement obligé d'en fournir une, elle peut paraître douteuse dans sa sincérité et générer des réponses du berger à la bergère sans fin. Comme le dit Shakespeare dans Hamlet : « La dame fait trop de protestations, ce me semble. »

Explorer et protéger

L'avantage procuré par la connaissance de la situation au sein d'une entreprise rivale est un thème sur lequel Sun Tzu revient à maintes reprises. Cependant, même aujourd'hui, bien qu'une guerre soit régie par certaines règles, les règles normales ne s'appliquent certainement pas. Nous devons donc adapter le message de *L'Art de la guerre* aux paramètres des entreprises modernes.

La comparaison est l'un des processus intemporels mis en avant dans ce texte ancien. Aujourd'hui, les chefs d'entreprise les plus habiles sont en théorie capables d'observer de manière rationnelle la concurrence et de la comparer avec leur propre société afin d'effectuer les ajustements et améliorations nécessaires pour rivaliser de manière efficace. En supposant qu'ils aient les bonnes dispositions, les qualités intellectuelles et le caractère appropriés pour reconnaître la supériorité d'un rival dans certains domaines ainsi que leurs propres lacunes, les entreprises qu'ils dirigent pourraient bénéficier considérablement d'un tel voyage d'exploration. Comme le souligne Sun Tzu, « harcelez [l'ennemi] afin de repérer où il est à court d'hommes et où il en a trop ».

Dans le même temps, il est important qu'une entreprise se protège de la concurrence autant que possible en ce qui concerne son fonctionnement interne, ses forces, ses faiblesses et ses orientations stratégiques plus larges. C'est justement écrit dans *L'Art de la guerre*, lorsque Sun Tzu remarque : « Le savoir-faire suprême est de cacher à l'ennemi vos dispositifs tactiques. Dissimulez-les, pour qu'ils échappent à la plus soigneuse des surveillances et restent invisibles à l'esprit le plus sagace. »

Cette dissimulation requiert une équipe en qui on peut avoir confiance et dont le sort est lié à la cause. Le fait de s'assurer de cette conformité de valeurs au moment du recrutement ainsi que la mise en place de primes à la performance peuvent être d'une grande aide à cet égard. D'un autre côté, des propos inconsidérés, des fuites de plans ou un lobbying contre ses propres employeurs peuvent causer des dommages conséquents sur les perspectives de l'entreprise car ils contribuent à ruiner l'élément de surprise qui est la meilleure attaque. Si les adversaires ont connaissance des intentions d'une entreprise, ils peuvent prendre un temps d'avance et potentiellement arriver les premiers sur le marché ou sinon, préparer une contre-attaque qu'ils lanceront au moment de l'assaut escompté.

Le leader doit tout voir et tout savoir et c'est à lui de décider de ce qu'il souhaite divulguer et à qui. Une communication sélective d'informations à différents membres de l'équipe, en fonction de leurs besoins, peut être un moyen efficace de garder le contrôle. Elle permet également de débusquer une déloyauté, étant donné qu'il sera facile de remonter à la source d'une éventuelle trahison.

Cette communication peut être un outil particulièrement puissant si les informations partagées sont délibérément erronées et transmises à une personne suspectée de causer des troubles ou d'être peu digne de confiance. Une telle désinformation peut en effet apporter un gain potentiel supplémentaire car elle est tenue pour vraie par le concurrent qui l'a reçue par des canaux dissimulés. Et si le recours d'un rival à ce type d'espionnage a des répercussions négatives sur ses chances, on ne peut s'empêcher de penser qu'il n'a eu que ce qu'il méritait.

Il n'y a peut-être pas meilleur exemple pour illustrer ce point que la bataille judiciaire menée en 2022 entre d'une part, Colleen Rooney, épouse de Wayne Rooney, légende du football britannique et plus tard entraîneur du DC United basé à Washington, et d'autre part, Rebekah Vardy dont le mari est un ancien joueur international d'Angleterre, Jamie Vardy.

Le drame entre ces « femmes de » s'est étalé dans les moindres détails sur les pages des tabloïds de la presse britannique et s'est conclu par un jugement de la Haute Cour de Justice en faveur de Madame Rooney. Cette dernière avait raconté une fausse histoire sur son compte Instagram, histoire que seule Madame Hardy pouvait voir, car la première suspectait la seconde de faire fuiter des nouvelles dans la presse. Lorsque la fausse histoire en question a été rendue publique, la culpabilité de Rebekah Vardy a été évidente, malgré ses protestations d'innocence. Il n'a pas fallu longtemps à Colleen Rooney, furieuse, pour le faire savoir au monde entier *via* Twitter.

Bien que Rebekah Vardy ait cherché à redorer sa réputation par voie judiciaire, les preuves accablantes à son encontre n'ont fait qu'aggraver son infortune. En conséquence, son image soigneusement polie a été durablement et profondément ternie. À l'inverse, le courage de Colleen Rooney face à l'injustice et ses qualités de fin limier ont renforcé son image de « femme ordinaire » à qui l'on peut s'identifier et qui fait passer « la famille en premier ». Par extension, cela a renforcé la « marque » Rooney.

Sun Tzu conclut le chapitre en soulignant le fait que la capacité à s'adapter plutôt qu'à compter exclusivement sur des méthodes « qui ont fait leurs preuves » ou à adhérer résolument à une stratégie établie, de type « advienne que pourra », joue un rôle essentiel. Il exhorte le lecteur à « [se servir] de la diversité infinie de circonstances dont [il dispose] ». Il est vrai que les leaders les plus avisés ne cessent de laisser la concurrence jouer aux devinettes avec le flot constant des innovations. La phrase « Rien n'est immuable à la guerre, pas plus que l'eau n'a de forme précise » résume parfaitement la pensée du stratège chinois.

CHAPITRE 7

MANŒUVRES

軍爭

1 Sun Tzu dit: Dans la conduite de la guerre, le général reçoit ses ordres du souverain.

2 Ayant levé une armée et concentré ses forces, il doit combiner et harmoniser les divers éléments avant d'installer son campement.

3 Commence alors la partie la plus difficile, les manœuvres tactiques. Leurs difficultés inhérentes concernent le besoin de faire d'une voie détournée la route la plus directe, et de tourner l'inconvénient en avantage.

4 Ainsi le général peut-il pousser l'ennemi à prendre un chemin tortueux, l'éloignant de son objectif et arrivant avant lui, même s'il s'est mis en route plus tard. Cela montre une bonne maîtrise du subterfuge.

5 Toute manœuvre comporte un grand avantage ; avec une multitude indisciplinée, un grand péril.

6 Si vous mettez en marche l'ensemble de votre armée bien équipée pour profiter d'un avantage, vous risquez d'arriver trop tard. Si vous vous précipitez mal équipé à cet effet, vous risquez de perdre l'équipement et le ravitaillement laissés derrière.

7 Si vous ordonnez à vos hommes d'avancer en marche forcée avec leur armure dans leur paquetage, sans faire halte ni de nuit ni de jour pour doubler la distance parcourue, en cheminant cent *li* pour conquérir une position, les commandants de vos trois divisions seront capturés.

8 Les hommes les plus robustes seront en tête, les plus faibles traîneront à l'arrière, de sorte que seul un dixième de vos forces arrivera à sa destination.

9 Si la marche pour déjouer les plans de l'ennemi couvre cinquante *li*, le chef de l'avant-garde sera capturé et seule la moitié de vos forces arrivera à sa destination.

10 Si la marche couvre trente *li*, seuls deux tiers arriveront à leur destination.

11 Une armée qui ne dispose pas de fourgons, de vivres et de réserves risque l'anéantissement.

12 Pour nouer de bonnes alliances, nous devons comprendre les priorités de nos voisins.

13 Un général doit bien connaître la nature du terrain – ses montagnes et ses forêts, ses pièges et ses précipices, ses marais et ses bourbiers – avant d'y faire pénétrer son armée.

14 Il doit faire usage de guides locaux pour tirer le meilleur parti de la configuration naturelle du pays.

15 À la guerre, pratiquez le subterfuge et vous réussirez.

16 Les circonstances déterminent votre organisation.

17 Soyez rapide comme le vent, majestueux comme la forêt.

18 Pour les raids et le pillage, soyez ardent comme le feu ; pour votre défense, soyez inébranlable.

19 Soyez insondable comme la nuit pour vos plans, soyez puissant comme la foudre quand vous êtes en mouvement.

20 Quand vous pillez la campagne, divisez le butin parmi vos hommes ; quand vous capturez un nouveau territoire, distribuez-leur le profit des terres prises.

21 N'agissez pas sans avoir soigneusement pesé les choses.

22 La victoire appartient à celui qui maîtrise la combinaison des stratégies directes et indirectes. Tel est l'art des manœuvres contre l'ennemi.

23 Le Livre de l'administration militaire dit : dans la bataille, on remplace la voix humaine trop faible par des gongs et des tambours, l'œil pas assez perçant par des bannières et des étendards.

24 Les gongs et les tambours, les bannières et les étendards, permettent à l'armée d'entendre et de voir la même chose.

25 La cohorte formant ainsi un corps uni, le brave ne pourra pas avancer seul ni le couard reculer. C'est l'art de commander une armée.

26 Pour mobiliser les yeux et les oreilles des soldats, lors du combat de nuit on préfère les feux et les tambours, lors du combat de jour, les bannières et les étendards.

27 Parfois, toute une armée est démoralisée et un général perd courage.

28 Le matin, un soldat est combatif, l'après-midi, il se relâche, le soir, il ne pense plus qu'à rentrer au campement.

29 Un général avisé évite une armée quand celle-ci est belliqueuse et l'attaque quand elle devient apathique et a envie de rentrer. C'est l'art de maîtriser le moral.

30 Discipliné et calme, il attend les signes de désordre et d'agitation chez l'ennemi. C'est la maîtrise du sang-froid.

31 Être près du champ de bataille quand l'ennemi est encore loin, être frais et reposé quand l'ennemi est épuisé, être bien nourri quand l'ennemi est affamé, c'est la maîtrise de sa force.

32 N'affrontez pas un ennemi aux bannières parfaitement ordonnées, n'attaquez pas une armée déployée en formations bien rangées. C'est la maîtrise de l'étude des circonstances.

33 C'est une règle essentielle de la guerre : n'attaquez jamais l'ennemi en montée, ne l'affrontez pas s'il descend de la montagne.

34 Ne poursuivez pas une armée faisant semblant de s'enfuir, et n'attaquez pas un ennemi reposé et fougueux.

35 Ne gobez pas l'appât lancé par l'adversaire et ne barrez pas la route d'une armée qui rentre chez elle.

36 Quand vous encerclez un ennemi, laissez-lui toujours une issue. Ne vous acharnez pas sur un ennemi aux abois.

37 C'est là, l'art de la guerre.

Réfléchir avant d'agir

Le chapitre sept de *L'Art de la guerre* nous invite à établir un plan et à se préparer de manière méticuleuse et exhaustive afin de ne rien laisser au hasard quand le moment est venu de passer à l'action.

Les bons interlocuteurs

Pour le chef d'entreprise, aussi bien une formulation réussie de la stratégie que sa mise en œuvre dépendent d'une équipe fiable et compétente. Cela englobe à la fois les cadres dirigeants et les employés en première ligne sur les épaules desquels le sort de l'entreprise repose. De fait, une stratégie qui ne peut être menée à bien à cause d'une main-d'œuvre incompétente, réfractaire, peu sérieuse, mal informée ou déséquilibrée, n'a que peu de valeur.

Le fait d'associer les bonnes personnes à la bonne fonction revêt une importance capitale. Par exemple, des individus non conformistes et qui n'en font qu'à leur tête ne feront probablement pas de très bons gestionnaires qui doivent montrer l'exemple. Les personnes au tempérament versatile et autoritaire sont des cauchemars pour leurs collègues, mais elles font souvent de remarquables vendeurs, bien que cette vérité soit assez inconfortable à admettre. Par leur ténacité, leur obstination et leur intransigeance, elles n'accepteront pas un « non » et elles ne seront pas satisfaites tant que la vente n'aura pas été conclue et leur commission assurée. Elles peuvent avoir l'esprit de contradiction, manquer de respect, arriver souvent en retard au bureau. Mais comme les ventes sont les forces vives de la plupart des entreprises, ces personnes sont tellement importantes que de nombreuses sociétés sont prêtes à fermer les yeux sur leur caractère et sur bien d'autres choses encore pourvu qu'elles fassent rentrer régulièrement de l'argent dans les caisses.

Vous ne leur feriez pas confiance pour payer les salaires, sans parler de diriger l'entreprise, mais vous vous fiez à elles pour générer du chiffre d'affaires et à ce titre, elles représentent un rouage essentiel de la machine. Ainsi, c'est ce à quoi fait allusion Sun Tzu quand il évoque la composition des troupes sous le commandement du général : « Ayant levé une armée et concentré ses forces, il doit combiner et harmoniser les divers éléments avant d'installer son campement. »

Le fait de disposer d'une équipe « prête au combat » comporte de grands avantages. Un personnel bien entraîné, discipliné et motivé, dans un état de préparation permanent, est capable de réagir rapidement à n'importe quel obstacle qu'un concurrent place sur sa route. Il est également disposé à faire un effort supplémentaire quand l'occasion se présente de générer un maximum de gains avant que la fenêtre de tir ne se referme.

Le leader sait que de tels efforts concertés impliquant l'utilisation d'un grand nombre de ressources – et impliquant peut-être des heures supplémentaires coûteuses – sont parfois nécessaires pour remporter une nouvelle affaire, étant donné qu'il faut spéculer pour accumuler. Pourtant, il doit également accepter de connaître parfois des échecs à court terme et potentiellement un taux de rotation du personnel plus élevé que la normale si les employés se sentent surmenés et insuffisamment récompensés. Il faut notamment s'y attendre : « Si vous ordonnez à vos hommes d'avancer en marche forcée avec leur armure dans leur paquetage, sans faire halte ni de nuit ni de jour pour doubler la distance parcourue, en cheminant cent *li* pour conquérir une position, les commandants de vos trois divisions seront capturés. »

Dans de tels cas, c'est au dirigeant de prendre la responsabilité de convaincre les intervenants que ce sont des pertes acceptables dans le contexte de l'objectif plus général.

Dans le monde des affaires comme sur le champ de bataille, vous ne pouvez rester immobile et attendre que la victoire tombe du ciel. Le meilleur leader le sait parfaitement, tout comme Sun Tzu dans son assertion selon laquelle « toute manœuvre comporte un grand avantage ».

Il savait aussi que seuls les plus forts et les plus capables sont prêts à accepter un sacrifice aujourd'hui car ils sont en mesure d'envisager les récompenses qui viendront demain avec la victoire, alors que d'autres ne tiendront pas la distance. Ce sont de ces personnes dont un dirigeant a besoin dans son équipe pour faire avancer l'entreprise sous son commandement. Comme le dit Sun Tzu, « les hommes les plus robustes seront en tête, les plus faibles traîneront à l'arrière ».

Le fait de remplir la tête des membres de l'équipe avec de l'ambition et du zèle qui les poussent à viser l'excellence et à s'élancer vers de nouveaux sommets qu'ils pensaient auparavant inaccessibles est une approche louable. Mais le leader ne doit pas être naïf. En effet, confier à ceux dont il a la charge une tâche irréalisable en les engageant dans une bataille difficile et inutile ou en leur faisant miroiter des récompenses inaccessibles est contraire au but recherché.

Par exemple, tout comme Sun Tzu savait qu'« une armée qui ne dispose pas de fourgons, de vivres et de réserves risque l'anéantissement », les capitaines d'industrie d'aujourd'hui doivent également s'assurer que leur entreprise ne soit pas trop sollicitée ou dépourvue des ressources adéquates, que ce soit les conditions matérielles, financières et de personnes, pour mener à bien l'affaire en cours.

Clairvoyance

De même, les entreprises qui nouent des alliances stratégiques avec d'autres sociétés pour améliorer la compétitivité, apporter des savoir-faire, se diversifier, réduire le risque, bénéficier d'un apport en capital, ou pour toute autre raison, doivent s'assurer de la fin de partie. Il est essentiel que les deux entités sachent à quoi elles s'engagent car le monde de l'entreprise est jonché de mariages ratés où un camp se porte nettement mieux que l'autre.

Les investisseurs en capital-risque peuvent ressembler à de preux chevaliers mais sachez qu'ils sont aussi objectifs que possible et qu'ils viennent pour l'argent, rien que pour l'argent. À ce titre, le chef d'entreprise ferait mieux d'avoir un plan en place quand ils quitteront la lice. Par ailleurs, lors des négociations initiales, un homme d'affaires doit être prêt à se retirer si l'accord sur la table prévoit qu'il cède plus qu'il n'obtient.

Le parfum entêtant d'un investissement à portée de main qui permettrait d'accélérer l'avenir d'une firme est, pour beaucoup, irrésistible. Mais si les fruits de ce succès bénéficient le plus souvent aux autres ou si cela signifie qu'il faudra renoncer complètement à l'autorité exécutive et à la capacité à diriger l'entreprise, c'est alors encore plus dénué de sens. Les meilleures affaires – les seules qui valent la peine de se battre – sont celles qui donnent le sourire aux deux parties. Il est vrai que « pour nouer de bonnes alliances, nous devons comprendre les priorités de nos voisins ».

De même, une entreprise serait mal avisée de faire une nouvelle incursion sur le marché sans connaître l'état de celui-ci, comme un général n'enverrait pas son armée sans une compréhension approfondie de l'environnement et des conditions qui l'attendent.

Avancer à l'aveuglette avec un état d'esprit du type « on verra bien le moment venu » revient à courir au-devant des ennuis.

La plupart des parents cherchent à inculquer à leurs enfants un comportement responsable « de planification et d'épargne » qui crée les conditions de résilience face aux adversités inévitables à venir qu'une existence au jour le jour ne peut espérer préparer. C'est la même approche que le chef d'entreprise doit adopter avec son enfant, l'entreprise, où la pensée à court terme qui ne prend en compte que les dynamiques immédiates doit être remplacée par une prise en considération approfondie de ce qui sera nécessaire ou de ce qui se produira à l'avenir. Dans *L'Art de la guerre*, Sun Tzu aborde ce sujet en remarquant qu'« un général doit bien connaître la nature du terrain – ses montagnes et ses forêts, ses pièges et ses précipices, ses marais et ses bourbiers – avant d'y faire pénétrer son armée ».

La traduction n'est jamais fidèle

Il est tout particulièrement important de connaître la topographie du terrain quand on se lance sur un nouveau marché, surtout s'il suit des coutumes et des traditions totalement différentes. Pour faire cela efficacement, il faut avoir des connaissances locales.

De telles informations auraient été très utiles en Irlande du Nord dans les années 1990 lorsque le fournisseur de téléphonie mobile Orange UK (aujourd'hui EE suite à une coentreprise avec T-Mobile UK détenue par Deutsche Telekom) a fait la promotion de ses services avec son slogan de référence « The future's bright, the future's Orange » (L'avenir est prometteur, l'avenir est Orange). Malheureusement, celui-ci n'était pas du tout transposable à un marché binaire divisé par la religion, avec les catholiques d'un côté et les protestants de l'autre. Comme ces derniers étaient fortement associés, au cours de l'histoire et aujourd'hui encore, à la couleur orange, non seulement le message central de l'entreprise s'est aliéné la moitié de son marché potentiel mais il a pris le risque de provoquer en même temps une réelle offense.

En matière de bévue sur l'identité visuelle, l'opérateur téléphonique était difficile à égaler mais cela n'a apparemment pas empêché d'autres entreprises, tout aussi peu au fait des sensibilités locales, de commettre des erreurs semblables. Les constructeurs automobiles notamment semblent avoir une tendance à déclencher des indignations avec quelques modèles dont la traduction des appellations passe souvent très mal. À cet égard, le modèle « Laputa » de Mazda – « La Puta » signifiant « la p*te » en espagnol ! – remporte la palme.

Par ailleurs, la multiplication des délocalisations des centres d'appels par les grandes entreprises dans les années 2000 vers des pays moins coûteux a été une source de frustrations majeures pour les clients à l'autre bout du fil. En plus des mauvaises communications et des longs temps d'attente, quand le client parvenait finalement à les joindre, une combinaison d'accents difficiles à comprendre pour une oreille non entraînée et les efforts insoutenables des opérateurs pour engager une conversation informelle mais prescrite à propos d'une culture qu'ils connaissaient très peu, a abouti à un nombre record de plaintes. Beaucoup de clients ont rejoint des entreprises offrant une assistance locale, dans leur pays.

De nombreuses entreprises ont fini par conclure que relocaliser de tels services était plus logique sur le plan financier à long terme. Sun Tzu serait parfaitement d'accord sur ce point. Il l'a exprimé de manière claire en disant que le « [le général] doit faire usage de guides locaux pour tirer le meilleur parti de la configuration naturelle du pays ».

Si l'environnement change, il est important de reconsidérer une approche en s'appuyant sur les nouvelles informations disponibles plutôt que de persévérer dans une politique défaillante. Cela paraît évident mais il y a beaucoup de personnes qui négligent de rester informées sur l'état des lieux et qui continuent à se perdre dans la spirale infernale d'un raisonnement dépassé. Le leader rigoureux continuera à vérifier tout cela parce que, comme le dit Sun Tzu, « les circonstances déterminent votre organisation ».

La note parfaite

L'Art de la guerre explique aussi clairement dans ce chapitre à quel point il est important pour un chef d'entreprise de reconnaître les efforts de ceux qu'il emploie et de récompenser leur réussite. Un soldat qui se sent valorisé combattra plus vaillamment et il en va de même avec les employés. L'astuce consiste à partager avec équité le butin du succès, que ce soit sous forme de promotions, de primes, de congés ou toute autre récompense. En effet, une absence de gratification ne fera que susciter de la rancœur chez les parties qui estiment qu'elles ont été négligées ou injustement méprisées, ce qui peut se transformer en source d'agitation. Sun Tzu l'exprime de manière succincte, comme lui seul sait le faire, quand il dit : « [...] divisez le butin parmi vos hommes ; quand vous capturez un nouveau territoire, distribuez-leur le profit des terres prises ».

Être juste et équitable est d'une importance primordiale, tout comme une communication claire. Lorsqu'il s'agit d'effectuer une tâche spécifique, le leader doit éviter les instructions ambiguës qui pourraient être interprétées de multiples manières. Sinon, il doit endosser la responsabilité des éventuels échecs qui en découleront. Il doit transmettre leur signification, relayer ses directives avec à la fois autorité et clarté pour s'assurer que sa volonté soit appliquée à la lettre. Cela vaut aussi pour l'expression publique de l'entreprise qui doit être parfaite sur tous les canaux disponibles afin de dominer le bruit du marché, pour atteindre les cibles visées et entrer en résonance avec elles. Sun Tzu ne le décrit pas autrement quand il dit que « les gongs et les tambours, les bannières et les étendards, permettent à l'armée d'entendre et de voir la même chose ».

La plupart des êtres humains apprécient de faire partie d'une équipe identifiable. Ils souhaitent être guidés et par conséquent, le leader au sommet peut tirer parti de cette mentalité pour orienter une société, même vaste, dans une nouvelle direction. Comme le souligne Sun Tzu, « la cohorte formant ainsi un corps uni, le brave ne pourra pas avancer seul ni le couard reculer. C'est l'art de commander une armée ».

Dans le même temps, les directeurs peuvent se voir attribuer plus d'autonomie, étant donné qu'ils ont été chargés de mettre en œuvre la stratégie et qu'ils ont besoin de la confiance du leader et de l'espace nécessaire dans lequel opérer.

Une grande part de la tâche consistant à faire avancer le groupe implique de préserver sa motivation et son enthousiasme. Sun Tzu le voit comme le maintien et une prise de conscience d'un « esprit » de l'armée et c'est une fonction vitale ; une fonction qui implique de prendre en compte un temps d'arrêt adéquat afin que les esprits ne faiblissent pas. Si jamais ils flanchent, les perspectives de réussite sur le champ de bataille diminueront et pareillement, la productivité au travail souffrira.

Le célèbre explorateur des pôles Sir Ernest Shackleton a joué un rôle moteur dans la motivation de son équipage lorsque son navire *Endurance* a été broyé par la glace dans l'Antarctique en 1917. Il s'est échoué dans l'une des régions les plus inhospitalières de la Terre. Malgré cette situation en apparence désespérée, il a réussi contre toute attente à conserver l'état d'esprit optimiste, occupé et concentré de ses hommes. En outre, il a dirigé une mission de secours dangereuse sur 1 300 km d'océan déchaîné, et n'a trouvé à son retour aucun homme mort. Chaque leader a besoin d'un peu de Shackleton en lui.

L'explorateur était un excellent leader, capable de garder son sang-froid pendant une crise, de s'adapter aux circonstances, de faire preuve de prudence le temps d'évaluer les options et de décider de la meilleure voie pour progresser. Ses qualifications en matière de leadership ont littéralement sauvé des vies, comme le feraient les meilleurs généraux, à la fois à l'époque de Sun Tzu et à la nôtre.

Bien que les décisions du chef d'entreprise contemporain ne soient plus une question de vie ou de mort, il n'en reste pas moins qu'il ne doit pas seulement éviter de manifester de la panique ou du stress qui ne feront que déstabiliser et apporter avec eux un risque de contagion, mais il doit également garder totalement son sang-froid. Le fait d'être calme et en pleine possession de ses moyens permet au leader de prendre des décisions tranchantes pour le plus grand bien des intervenants dans l'intérêt desquels il agit. De nombreux dirigeants considèrent que les conseillers de vie peuvent les aider à accéder plus facilement à un tel état de sérénité si c'est quelque chose qui ne leur est pas naturel.

C'est parfait si la concurrence panique mais le dirigeant d'entreprise accompli doit comprendre qu'il n'y a rien de contradictoire entre un état de sérénité éclairant ses décisions et la réussite de l'entreprise. Sun Tzu savait qu'il en était ainsi : c'est pourquoi il disait que « discipliné et calme, il attend les signes de désordre et d'agitation chez l'ennemi. C'est la maîtrise du sang-froid ».

Le leader doté d'une stratégie méticuleusement étudiée tenant compte de toutes sortes d'interruptions ou de défis n'a aucune raison de paniquer ni de ressentir le syndrome de l'imposteur. Grâce à sa rigueur et à sa conscience professionnelle, il est capable de tenir bon dans les conditions les plus éprouvantes ; il connaît le bon moment pour attaquer. La main ferme sur le gouvernail, il dégagera une autorité qui rassurera les employés, empêchant des comportements subversifs nés de la peur – liée peut-être aux perspectives d'avenir de l'entreprise ou à la sécurité de leur emploi – et leur permettant de garder confiance.

CHAPITRE 8

VARIATIONS TACTIQUES

九變

1 Sun Tzu dit: Dans la conduite de la guerre, le général reçoit ses ordres du souverain puis réunit ses armées et concentre ses forces.

2 Si le terrain est défavorable, n'y installez pas votre campement. Dans le pays où les routes et les communications sont bonnes, joignez-vous à vos alliés. Ne vous attardez pas sur des positions isolées. Si vous êtes encerclé, trouvez un stratagème pour vous en sortir. En situation désespérée, battez-vous.

3 Il y a des chemins à ne pas emprunter, des armées à ne pas affronter, des villes à ne pas assiéger, des positions à ne pas conquérir, même des ordres du souverain à ne pas exécuter.

4 Un général qui comprend parfaitement les avantages qui accompagnent la variation des tactiques sait se servir de ses armées.

5 Un général qui les ignore, si bien qu'il connaisse la disposition du terrain, ne pourra pas tirer parti de ses connaissances.

6 Un commandant peut bien connaître les cinq avantages tactiques [voir chapitre 1 – Les plans], mais, s'il ne comprend pas la variation des tactiques, il sera incapable d'utiliser efficacement ses hommes.

7 Un chef avisé tient toujours compte des avantages et des inconvénients.

8 En prenant en considération les inconvénients potentiels d'une situation avantageuse, il peut être certain d'exécuter son plan.

9 En considérant les avantages éventuels d'une situation dangereuse, il trouvera un moyen de régler ses difficultés.

10 Contraignez les autres seigneurs et princes hostiles en les menaçant ; inquiétez-les et gardez-les occupés ; dirigez-les en leur laissant espérer quelque avantage imaginaire.

11 L'art de la guerre enseigne à ne pas supposer que l'ennemi ne viendra pas, mais à compter sur votre préparation à le contrer ; ne pensez pas qu'il n'attaquera pas, rendez votre position inattaquable.

12 Cinq traits de caractère mettent en danger un général :

(1) la témérité imprudente, qui conduit à la destruction ;
(2) la lâcheté, qui conduit à la capture ;
(3) l'emportement, qui peut être provoqué par des insultes ;
(4) le sens mal placé de l'honneur, qui ne lui apportera que de l'humiliation ;
(5) la compassion excessive pour ses hommes, qui ne fera que susciter des tourments inutiles.

13 Ces cinq faiblesses sont de graves défauts chez les généraux et s'avèrent catastrophiques en campagne.

14 Quand une armée est vaincue et son général tué, la cause sera certes trouvée parmi ces cinq faiblesses dangereuses. Il faut les peser très attentivement.

La connaissance n'est pas la puissance

C'est bien beau de connaître l'objectif ou de savoir juger raisonnablement une situation donnée puis d'avoir appris comment combiner le tout de manière à ne pas être prévisible. Mais si un leader est frappé de paralysie après cette analyse ou hésite à mettre en pratique sa compréhension des règles et des directives et ses théories bien documentées – voire en est incapable –, alors les connaissances accumulées sont sans intérêt. Et si, à cause d'un manque de confiance en soi persistant, ses actions sont tièdes et trop prudentes, le résultat ne sera probablement pas bon.

Un dirigeant doit être résolu et pleinement engagé, ce qui est différent de l'entêtement. Cela signifie plutôt qu'il a confiance en ses propres capacités et qu'il sait que, pour influencer des événements, la parole doit laisser place à l'action. Dans le même temps, il sera attentif au fait que les circonstances peuvent évoluer et donc nécessiter un changement de cap.

Les directives sont parfois données par quelqu'un ou par une entité devant qui le leader est responsable, que ce soit un actionnaire majoritaire, l'administration fiscale ou, de plus en plus, l'opinion publique, étant donné la tendance vers davantage de démocratie économique. Le fait de connaître l'objectif est un bon point de départ à partir duquel on peut formuler l'action à entreprendre. C'est justement ce qu'affirme le chapitre huit de *L'Art de la guerre*, en quelques mots clairs dès ses premières lignes : « Dans la conduite de la guerre, le général reçoit ses ordres du souverain puis réunit ses armées et concentre ses forces. »

Pas de temps pour l'inertie

Il est essentiel pour un leader de reconnaître et d'admettre quand les chances sont contre lui et d'agir en conséquence, en discutant avec des personnes proches et fiables afin de faire le bon choix. Si, par exemple, il s'agit d'un marché particulièrement exigeant, il faudra alors se serrer la ceinture. Cela peut souvent dire supprimer des emplois car, pour la plupart des entreprises, la main-d'œuvre représente de loin le coût le plus important.

Du fait que les charges sociales d'une entreprise englobent bien plus que les salaires bruts, incluant également les impôts, les retraites, les cotisations santé, les primes, les congés payés, les gratifications et autres dépenses, réduire les charges rapidement et de manière décisive – même en prenant en compte les indemnités de licenciement – peut permettre de stabiliser un navire ballotté sur une mer houleuse. À l'inverse, ne rien faire en espérant que les choses vont s'améliorer est une stratégie extrêmement risquée. Sun Tzu savait parfaitement que lorsqu'une armée se retrouvait dans une situation épineuse, cernée de toutes parts par le danger, la pire des choses était de rester immobile. C'est pourquoi il écrit : « Si le terrain est défavorable, n'y installez pas votre campement. [...] Ne vous attardez pas sur des positions isolées. »

Les géants du secteur de la Tech, aux célèbres ambitions progressistes, prétendent ruer dans les brancards pour obtenir des conditions, des politiques et des méthodes encore meilleures. Or, ils ne sont, pour l'instant, pas plus à l'abri des répercussions des réalités du marché que n'importe quel autre domaine de l'économie. Par conséquent, à une époque où le chiffre d'affaires publicitaire est en baisse et où l'augmentation des coûts est alimentée par une forte inflation, même les grands groupes de ce secteur considèrent que la réponse optimale à l'adversité est de supprimer des emplois et de geler les embauches. Google, Meta, Amazon et Microsoft ont licencié au total des dizaines de milliers d'employés entre fin 2022 et début 2023.

Une saine concurrence

Le principal message de *L'Art de la guerre* est peut-être qu'il existe des alternatives à l'affrontement. Quelquefois, un ennemi représente une menace telle qu'il doit être combattu mais d'autres fois, il vaut mieux l'ignorer car en raison de sa supériorité, un engagement serait synonyme d'anéantissement. Cependant, pour les chefs d'entreprise actuels, il est intéressant de rappeler que la concurrence repose sur une économie de marché libre et saine et qu'elle est considérée comme une chose sacrée. Par conséquent, les monopoles sont découragés par la législation antitrust, étant donné qu'ils contribuent à brider le choix du consommateur, le laissant vulnérable à l'exploitation.

Il existe aujourd'hui des mesures de protection qui contrastent avec l'absence d'encadrement à l'époque de Sun Tzu. Pour ce qui concerne les grandes entreprises très en vue, la possibilité de recourir à une force supérieure existe lorsque toutes les autres options de faire véritablement concurrence à un rival dominateur ont échoué. Là encore, Google (ou plutôt sa société mère, Alphabet), dont la capitalisation boursière est supérieure à 1 200 milliards de dollars, s'est retrouvée à maintes reprises dans la tourmente et a été condamnée à des amendes colossales pour violation des lois de la concurrence. Dans ce cas, c'est le ministère américain de la Justice lui-même qui avait mené la charge.

Cela dit, à moins que le gouvernement ne juge qu'une firme représente un danger pour la société, voire une menace existentielle – et la plupart des chefs d'entreprise ne feront jamais face à une telle situation –, la législation antitrust tend à être systématiquement biaisée en faveur des grandes entreprises. De ce fait, les dirigeants de sociétés plus modestes seront parfois obligés d'accepter la défaite, de se retirer ou de se diriger vers un terrain plus propice – *via* peut-être un nouveau positionnement inexploité ou de nouvelles gammes de produits –, puisque se mesurer à un rival capable de déployer des économies d'échelle inégalables est tout simplement stupide.

Toutefois, de temps en temps, l'inverse est vrai aussi. Les gouvernements locaux – bien souvent en réponse à des plaidoyers collectifs véhéments – restreignent l'accès des multinationales à un endroit renommé pour ses commerces indépendants et dans ces cas-là, c'est la plus grosse armée qui doit battre en retraite, admettre sa défaite et reporter son attention ailleurs.

En résumé, pour toutes les armées, pour toutes les entreprises, « il y a des chemins à ne pas emprunter, des armées à ne pas affronter, des villes à ne pas assiéger, des positions à ne pas conquérir, même des ordres du souverain à ne pas exécuter ».

Les connaissances sont un point de départ, pas la fin de la partie

Certes, la connaissance est essentielle – à la fois la connaissance des compétences internes et celle des réalités extérieures impliquant le contexte du marché et la concurrence – mais elle ne suffira pas à assurer le succès. Elle doit plutôt être considérée comme le matériau de base gouvernant les tactiques. Il est plus important de savoir transformer cette connaissance en un effet réel à un moment donné. C'est pourquoi Sun Tzu affirme qu'« un général qui ignore [les avantages qui accompagnent la variation des tactiques], si bien qu'il connaisse la disposition du terrain, ne pourra pas tirer parti de ses connaissances ».

Des conditions différentes exigent des approches différentes. Comprendre à quoi celles-ci ressemblent peut être appris jusqu'à un certain point mais il faudra aussi les découvrir de haute lutte à travers l'expérience : ainsi, un leader astucieux devra faire l'expérience de l'échec et du goût amer de la défaite pour affiner la réponse de son entreprise aux différentes circonstances.

Bien qu'un dirigeant intelligent cherche à générer un attrait et une dynamique vers l'avant pour son entreprise, il souhaitera dans le même temps s'assurer que la concurrence est sur la défensive et qu'elle y reste. Lorsqu'une entreprise pare au plus pressé et qu'elle est en mode survie, elle ne peut réaffecter des ressources pour mettre sur pied une opération à même de faire dérailler les ambitions du rival. Cela procure en fait à l'autre partie une plus grande liberté sur le marché et si c'est une course à deux, cela offre une véritable carte blanche pour donner forme à sa stratégie.

Sun Tzu demande à ceux qui cherchent un avantage de « [contraindre] les autres seigneurs et princes hostiles en les menaçant ; [de les inquiéter et de les garder] occupés ».

De nos jours, les entreprises qui maîtrisent l'art des réseaux sociaux ont à leur disposition des canaux extrêmement influents à partir desquels elles peuvent potentiellement contrôler le récit et empêcher la concurrence de repartir à l'offensive. Le fait de sous-entendre, d'insinuer, de suggérer, c'est-à-dire de salir un rival de manière autorisée, signifie que quelque chose est susceptible de prendre consistance. Si cela est bien fait – en appuyant sur un véritable point sensible pour les clients –, la firme prise pour cible devra immobiliser du temps et des ressources pour gérer les relations publiques. Cela commence souvent par son incapacité, voire son déni aveugle, à reconnaître un problème. Et cela continue par ses tentatives répétées de retrouver l'avantage quand elle s'efforce de conjurer la panique à la fois à l'intérieur et à l'extérieur, sans cesser de présenter un front uni, empathique, authentique et transparent.

Le fait de connaître les points sensibles et le travail en coulisses pour les traiter sont encore plus importants que de connaître et de canaliser ses forces parce que la concurrence les connaîtra également et cherchera à en tirer parti. C'est la tâche du leader d'anticiper cela et de mettre en place la réponse appropriée.

L'orgueil précède la chute

Les dirigeants politiques, dont les opposants cherchent en permanence un prétexte pour les discréditer, peuvent supposer sans risque que n'importe quel cadavre dans leur placard sortira un jour, étant donné que les détenteurs de leurs secrets sont aussi disposés à la confession que n'importe qui d'autre. Dans ce cas, ils feraient mieux de préparer la bonne réponse, voire de déterminer de manière stratégique la meilleure approche pour prendre les devants, surtout si une révélation est sur le point d'être rendue publique, afin d'en contrôler le récit.

Autre solution : certains dirigeants ne disent ni ne répondent rien, balayant tout d'un revers de main si on les presse de répondre. Toutefois, sauf si vous êtes un roi ou une reine installés à vie sur un trône, cette stratégie finira par aboutir à une impasse, comme l'ancien premier ministre britannique, Boris Johnson, l'a découvert en 2022.

Il a rejeté les allégations de plus en plus nombreuses concernant sa conduite personnelle ainsi que de ceux placés sous son autorité avec une jovialité qui l'avait bien servi dans le passé mais qui était désormais jugée de plus en plus déplacée. L'indignation générale devant l'impression que tout lui était dû a rapidement pris de l'ampleur pour atteindre un niveau critique. Il a alors perdu le soutien de l'opinion et des membres du parti qui l'adulaient autrefois et a été poussé à la démission. Ici, la morale de l'histoire veut que « l'art de la guerre enseigne à ne pas supposer que l'ennemi ne viendra pas, mais à compter sur votre préparation à le contrer ».

CHAPITRE 9

LES OPÉRATIONS

行 軍

1 Sun Tzu dit: En règle générale, en prenant position et en observant les mouvements de l'ennemi, franchissez rapidement les montagnes et restez dans les vallées.

2 Dressez votre camp sur le versant ensoleillé d'un lieu élevé. Évitez d'avoir à monter pour combattre. C'est ce que vous devez savoir sur la guerre en terrain montagneux.

3 Après avoir traversé un cours d'eau, éloignez-vous-en.

4 Si l'ennemi traverse un fleuve pour vous combattre, ne l'affrontez jamais au milieu du courant. Pour l'attaquer, profitez du moment où seule la moitié de ses forces a atteint la rive.

5 Si vous voulez livrer bataille, n'attaquez pas l'ennemi près d'un fleuve qu'il devra traverser.

6 Installez votre campement sur un lieu élevé face au soleil. N'allez jamais contre le courant pour rencontrer l'ennemi. C'est ainsi que l'on combat autour des cours d'eau.

7 Traversez à vive allure une région de marais salants, sans vous y attarder.

8 Si vous devez affronter l'ennemi sur un tel terrain, tenez-vous près de l'eau et de la végétation, dos aux arbres. C'est ainsi que l'on combat dans les marais salants.

9 En terrain sec et plat, choisissez une position facile d'accès, avec votre flanc droit et votre arrière adossés à une butte, de sorte que le danger soit devant vous et la sécurité, derrière vous. C'est ainsi que l'on combat en terrain plat.

10 En sachant utiliser ces quatre types de terrain, l'empereur Jaune avait vaincu quatre autres souverains.

11 Toute armée doit préférer le terrain élevé au terrain bas et les lieux ensoleillés aux lieux obscurs.

12 Si vous vous préoccupez de la santé de vos hommes et campez sur un terrain ferme et sec, votre armée sera à l'abri de toutes les maladies. C'est une recette sûre pour la victoire.

13 Quand vous arrivez à une colline ou un talus, prenez position sur son versant ensoleillé, avec la pente sur votre flanc arrière droit. Cela permettra de déployer efficacement vos hommes et de tirer profit du terrain.

14 Si les eaux d'un fleuve que vous voulez franchir sont enflées par les pluies et parsemées d'écume, attendez la décrue.

15 Si vous rencontrez des falaises escarpées d'où tombent des cascades, des précipices naturels profonds, des ravins étroits, des broussailles épaisses, des marécages ou des crevasses, éloignez-vous-en vivement. Tenez-vous à distance de ces lieux.

16 Tout en vous tenant loin de tels endroits, essayez d'y pousser l'ennemi, pour qu'il s'y adosse alors que vous lui faites face.

17 Si au voisinage de votre campement il y a un terrain vallonné, des mares entourées de plantes aquatiques, des étangs envahis de roseaux ou les fourrés d'un bois, il faut les fouiller méthodiquement, car ce sont là des endroits idéaux pour les espions et les traîtres.

18 Si l'ennemi est proche mais n'attaque pas, c'est qu'il a confiance dans sa position favorable.

19 Si l'ennemi est loin et essaye de provoquer la bataille, il tente de vous attirer plus près.

20 Si son campement semble vulnérable à une attaque, c'est un leurre.

21 Le mouvement parmi les arbres et les taillis signale que l'ennemi avance. Si des obstacles bizarres apparaissent parmi les herbes denses, l'ennemi s'y cache.

22 Si les oiseaux s'envolent brusquement, il se prépare une embuscade. Si les animaux effrayés s'enfuient, l'ennemi tente une attaque surprise.

23 Si la poussière se lève haut dans les airs, des chars approchent. Si la poussière reste basse mais s'étend, des fantassins approchent. Lorsque la poussière se disperse en plusieurs directions, une corvée de bois avance. De petits nuages de poussière allant et venant signalent que l'ennemi prépare son bivouac.

24 Si ses émissaires sont conciliants alors que son armée se prépare toujours, l'ennemi va avancer. Si ses émissaires sont pleins de morgue et que son armée donne des signes ostentatoires d'avancée, l'ennemi se prépare à battre en retraite.

25 Si ses chars légers sortent en premier et se rangent sur les flancs, l'ennemi se déploie pour la bataille.

26 Une proposition de trêve sans engagement solide signale un complot.

27 Si vous voyez ses troupes avancer en toute hâte et prendre position, une attaque décisive est sur le point de prendre place.

28 Si une partie de l'armée de l'ennemi semble avancer et une autre battre en retraite, c'est un piège.

29 Si les soldats s'appuient sur leurs lances, ils sont faibles par manque de nourriture.

30 Si les soldats de corvée d'eau étanchent d'abord leur soif, l'armée est assoiffée.

31 Si l'ennemi renonce à attaquer malgré l'occasion évidente, ses soldats sont épuisés.

32 Si les oiseaux se réunissent tranquillement, le lieu est désert. Les clameurs nocturnes dans le campement signifient que l'ennemi est agité.

33 Si le désordre règne dans le campement, l'autorité du général est faible. Si les drapeaux et les bannières s'agitent en tous sens, le chaos se répand dans la troupe. Si les officiers s'emportent, les hommes sont épuisés.

34 Si l'ennemi nourrit ses chevaux de grain et tue son bétail pour se nourrir, s'il abandonne ses marmites, indiquant qu'il ne retournera pas à son campement, c'est qu'il est décidé à combattre jusqu'à la mort.

35 Si des groupes d'hommes sont en train de chuchoter, c'est que le mécontentement gagne les rangs.

36 Si des récompenses sont offertes trop généreusement, les ressources de l'ennemi sont au plus bas. Si les punitions sont excessives, l'ennemi est dans une situation désastreuse.

37 Si le général ennemi se montre trop brutal envers ses troupes puis finit par les craindre, il est totalement incompétent.

38 Si ses émissaires arrivent avec des paroles conciliantes, il souhaite une trêve.

39 Si ses troupes s'emportent et restent longtemps en position devant vous, sans pour autant combattre ou se retirer, soyez sur vos gardes.

40 Si le nombre de vos hommes ne vous procure pas un avantage décisif, aucune attaque directe n'est possible. Vous devez concentrer vos forces, surveiller de près l'ennemi et lever davantage de troupes.

41 Un général qui sous-estime avec mépris l'ennemi sera assurément capturé.

42 Un général qui punit ses troupes avant qu'elles ne se soient attachées à lui ne sera jamais accepté par ses hommes et ceux-ci lui seront d'un piètre usage. Si les troupes se sont attachées à lui mais qu'il ne les punit pas, elles ne lui seront pas non plus utiles.

43 Dans le premier cas, les soldats doivent être traités avec humanité, mais maintenus sous contrôle par une discipline de fer – c'est la voie certaine de la victoire.

44 Donnez des instructions et des ordres efficaces et les hommes seront disciplinés ; faites le contraire, et ils ne le seront pas.

45 Si un général montre sa confiance à ses hommes mais insiste toujours pour que ses ordres soient respectés, cela lui profite, ainsi qu'à ses hommes.

Prêter attention aux signes

N'importe quel leader digne de ce nom doit avoir une vision de sa destination finale, vision qu'il doit partager pour inspirer, enthousiasmer et motiver. Cependant, un chef efficace se distingue par sa capacité à conduire, guider et diriger l'entreprise vers cette destination.

Certes, il est essentiel que le leader soit toujours conscient de l'objectif mais celui-ci ne cessera de se dérober, sauf si le chef est concentré sur le parcours et prend des décisions censées et fondées sur les preuves dont il dispose. Les intervenants pardonneront les faux pas et les détours nécessités par les dynamiques du marché, mais ils espéreront des progrès mesurables et tangibles vers l'objectif voulu. De leur leader, ils attendront qu'il soit capable d'interpréter l'environnement afin de faire les bons choix.

Dans le chapitre neuf, *L'Art de la guerre* s'intéresse à toutes sortes d'environnements ; il explique sans détour que lorsque les choses sont, objectivement et irrémédiablement, d'une certaine façon, des certitudes et des vérités régissent la marche à suivre.

Alors que Sun Tzu se préoccupait de ce qu'il fallait faire quand on était confronté tour à tour à des montagnes, des fleuves, des marais salants et des plaines ouvertes, les dirigeants d'entreprises actuels ayant quelque chose à vendre doivent comprendre, par exemple, qu'un marché d'acheteurs exigera une approche différente de celle où des clients frappent avec insistance à sa porte. Savoir reconnaître la situation permettra à une entreprise de se diriger en conséquence et *in fine*, d'atteindre avec succès ses cibles, plus rapidement et à moindre frais.

La distance est source de handicap

Il est vrai que la distance est bien souvent un désavantage si on souhaite être informé de l'état du marché et des agissements des concurrents. Il faut tester la stratégie, vérifier et piloter les théories générales mises au point dans un bureau afin de déterminer si elles peuvent s'appliquer concrètement, que ce soit *via* des groupes de discussions, des programmes de sensibilisation, des produits d'appel, des essais gratuits ou autres initiatives similaires. Si les clients montrent de la bienveillance envers l'entreprise, il convient d'en faire le meilleur usage afin d'exploiter au maximum l'harmonisation et le soutien, de consolider la loyauté du client et de renforcer la marque. Lorsque Sun Tzu parle d'ancrer une cible en amont, il évoque justement un tel avantage naturel.

Si une culture de clandestinité et de chemins secrets devient la norme dans une entreprise, celle-ci s'isolera de ses clients, à tel point qu'elle ne comprendra plus leurs désirs et leurs besoins et qu'elle ne parviendra plus à relier ses idées et ses pratiques avec eux. La société en question peut également perdre de vue les avancées de la concurrence, tellement elle est concentrée sur son programme caché, qui devient de moins en moins bien renseigné sur l'environnement plus large. Sun Tzu met en garde contre le fait d'aller chercher refuge, de voyager ou de s'installer dans des lieux en hauteur pendant trop longtemps car la surveillance apparente qu'elle donne du marché est une illusion.

Peu de raccourcis vers le succès

Ces passages peuvent aussi être interprétés comme un avertissement aux dirigeants d'entreprise d'aujourd'hui : les performances maximales exigées d'une équipe dans des conditions difficiles ne peuvent être maintenues que pendant un temps. En plus de mettre à l'épreuve les employés, demeurer dans des environnements aussi stressants peut aussi épuiser rapidement les ressources financières. Si une telle voie doit être empruntée, il faut que l'objectif sous-jacent soit clair, bien compris de tous et que de gros efforts soient entrepris pour restaurer dès que possible des conditions de travail plus propices et plus enrichissantes. Comme le fait remarquer Sun Tzu, « après avoir traversé un cours d'eau, éloignez-vous-en ».

Tout comme le général, le chef d'entreprise n'a pas le temps de lanterner car le marché est agité et ne dort jamais ; par conséquent, une période de forte demande et de travail intense qui sape l'énergie d'une équipe et nécessite un temps de repos pour récupérer sera moins productive à long terme malgré les gains rapides qu'elle semblait promettre au départ. C'est tout particulièrement vrai pour une entreprise qui ne dispose que d'une petite équipe ayant plusieurs casquettes et qui n'a donc pas accès à d'autres ressources humaines pour prendre le relais. Et si un talent ne peut être mis à profit, il reste exposé. Le dirigeant avisé sait que ses employés sont ses plus grands atouts et qu'ils doivent être entourés d'attention afin d'assurer un gain à long terme.

Les voies qui procurent un avantage ou un passage facile remontent à coup sûr le moral des troupes de l'entreprise, ce qui explique pourquoi Sun Tzu parle de terrains ensoleillés et durs, pas seulement pour le bénéfice des soldats, mais parce qu'ils ont aussi la préférence de ces derniers. À l'inverse, si l'on s'attarde dans un lieu inhospitalier rempli d'obstacles à surmonter, cela favorisera certainement une vision défaitiste et sombre due aux épreuves prolongées. Cet état d'esprit peut rapidement se propager parmi les employés, contagion qui ne manquera pas d'affecter la productivité.

Il convient d'en tirer la leçon suivante : s'engager dans une situation dangereuse est imprudent et risque d'aboutir à une catastrophe. Pour les magnats des affaires d'aujourd'hui, il est judicieux d'attendre un moment où les occasions seront moins risquées, même si elles sont liées à des récompenses moins immédiates. Mieux vaut cela que de subir de grosses pertes ou de risquer d'être rayé de la carte pour avoir ignoré les présages clairs du malheur. C'est pourquoi Sun Tzu dit : « Si les eaux d'un fleuve que vous voulez franchir sont enflées par les pluies et parsemées d'écume, attendez la décrue. »

Des obstacles au progrès

L'Art de la guerre consacre beaucoup de pages à détailler les divers obstacles et leur capacité à restreindre la liberté de mouvement et de circulation. Pour n'importe quelle entreprise, des entraves désignent un danger réel et présent et par conséquent un préjudice potentiel pour ses perspectives.

L'imposition soudaine de droits de douane est un exemple d'entraves. Les États-Unis et la Chine sont enfermés dans une bataille permanente pour la suprématie économique et – suivant les courants politiques dominants du moment – ils sont susceptibles de frapper de taxes d'importation toutes sortes de produits et de services. De plus, ils avertissent très peu à l'avance de représailles qui peuvent rapidement s'envenimer jusqu'à étouffer les échanges commerciaux dans toutes sortes de secteurs.

En ce qui concerne les entreprises dont les modèles économiques reposent sur des exportations ou dont les lignes de production s'appuient sur des importations, de telles fluctuations dans les jeux de pouvoir géopolitiques, sur lesquels elles n'ont aucun contrôle, ont pour effet secondaire indésirable de nuire gravement à leurs intérêts. Ainsi, les secteurs automobile et agricole des États-Unis sont particulièrement exposés à ce genre de mesures.

À une époque de démondialisation croissante qui nous ramène aux périodes isolationnistes du passé, il s'avère payant pour les entreprises non seulement de rester à l'écoute du terrain pour prendre connaissance des événements à venir mais aussi d'assurer leur pérennité en diversifiant leur chaîne d'approvisionnement nationale, à la fois en amont et en aval. Ainsi, elles sécuriseront leur avantage par rapport à leurs concurrents faisant face à la même dynamique. Pour Sun Tzu, « si vous rencontrez des falaises escarpées d'où tombent des cascades, des précipices naturels profonds, des ravins étroits, des broussailles épaisses, des marécages ou des crevasses, éloignez-vous-en vivement. Tenez-vous à distance de ces lieux ».

Être toujours vigilant

Outre une capacité à dénicher des occasions que les autres n'ont pas, un leadership exemplaire implique aussi d'être en permanence conscient des dangers environnants. Faire des affaires signifie être proactif mais entraîne inévitablement une certaine exposition au risque. Et bien que seul un imbécile aille volontairement au-devant du danger, la seule façon de réussir passe parfois par un territoire imprévisible. Mieux vaut alors être vigilant en de telles circonstances et savoir que les valeurs des autres sur ce qui est acceptable en affaires peuvent être radicalement différentes des vôtres.

Par exemple, pour de nombreuses entreprises, participer à des salons professionnels est un moyen incontournable de nouer des contacts, de conclure de nouvelles affaires et de renforcer des relations existantes.

En effet, pouvoir « serrer les mains » permet de forger un lien beaucoup plus puissant qu'un grand nombre de réunions en visioconférence ne pourront jamais espérer créer. Toutefois, la concurrence est susceptible d'avoir les mêmes convictions et dans ce cas, vous serez très proche d'elle dans un espace confiné.

Pour une entreprise, il peut être contre-productif d'entamer sur son stand des conversations avec de nouveaux clients potentiels, en ayant dès le départ une attitude suspicieuse ou d'hostilité à peine voilée du fait qu'elle craint que ces nouveaux clients soient des concurrents agissant incognito. Cela dit, dans le même temps, il peut être judicieux de ne pas partager trop d'informations et de ne certainement pas donner les plans de nouveaux produits top secrets bientôt commercialisés !

De même, lorsqu'il s'agit d'adversaires débauchant un employé très apprécié de la société ou ses meilleurs clients, c'est au leader de surveiller étroitement de tels atouts qui font partie intégrante de la réussite de son entreprise et de les récompenser de manière adéquate. Cela pourrait être sous forme de conditions de travail agréables, d'un contrat à long terme, d'un service client inégalé, de prix compétitifs ou toute autre mesure qui l'assureront de leur loyauté. Car une chose est certaine : si une entreprise se met en avant – et elle le doit assurément –, d'autres sociétés s'efforceront d'en tirer parti. Pour sa part, Sun Tzu décrit de nombreuses cachettes, faisant remarquer que « ce sont là des endroits idéaux pour les espions et les traîtres ».

Les preuves sont sous vos yeux

Pour déterminer avec précision le prochain mouvement de la concurrence, il faut davantage que la déduction logique d'un dirigeant. Même si de nos jours, il existe toutes sortes d'interdictions défendant de collecter des informations de manière illicite, ce qui permettrait à une entreprise d'arriver facilement à ce but, on peut malgré tout tirer des conclusions de ce que l'on a sous les yeux et en déduire ce que l'« ennemi » mijote.

L'image publique d'un concurrent peut fournir un certain nombre d'informations utiles. Par exemple, s'il communique moins et qu'il est moins disert que d'habitude sur les réseaux sociaux, ou s'il s'abstient de faire de la publicité, des opérations de marketing ou de relations publiques, cela peut vouloir dire qu'il prépare quelque chose. Le fait de faire profil bas pourrait indiquer que le rival se prépare à un lancement ou à une campagne majeurs ou, de l'autre côté du spectre, qu'il est en difficulté financière et qu'il a été contraint de limiter toutes les dépenses discrétionnaires.

Déterminer si un concurrent a le dos au mur ou s'il n'a jamais été autant en pleine forme peut être établi en dialoguant avec des fournisseurs, en examinant les cercles de recrutement pour voir si la société en question embauche ou licencie ou en analysant ses rapports trimestriels. Posez-vous les questions suivantes : une nouvelle recrue a-t-elle été installée récemment à la direction et celle-ci cherche-t-elle à apporter sa touche personnelle et à marquer les esprits ? Cela ne fait pas non plus de mal de jeter un œil aux publications personnelles des employés visibles dans le domaine public pour voir s'ils livrent quoi que ce soit sur leur entreprise. En effet, loin du bureau, les employés sont moins surveillés et glissent parfois – bien qu'ils devraient être mieux avisés –, des indices sur le mécontentement régnant dans leur équipe.

Par ailleurs, observez des signes au sein de votre propre entreprise pour déduire ce que l'autre partie est en train de faire : les ventes ou les demandes ont-elles baissé ? Les clients ou le personnel ont-ils quitté le navire ou sont-ils moins impliqués ?

Le fait d'être capable de se poser des questions sans ego pour évaluer avec précision ses propres performances et celles de sa société est une qualité de leadership importante mais pourtant souvent négligée. Si, après cet examen, le leader ne peut dégager aucune cause profonde claire expliquant le plongeon de son entreprise – même si celui-ci peut être la conséquence d'une économie en berne –, cela peut aussi être dû au fait que la société concurrente fait désormais mieux les choses et que par conséquent, il est urgent de s'adapter et d'innover pour rivaliser.

C'était également le cas à l'époque de Sun Tzu dans la sphère militaire, où il détaille une grande variété d'indicateurs qui peuvent être interprétés pour permettre une action opportune. Dans l'un de ces passages saisissants, il explique que « si les oiseaux s'envolent brusquement, il se prépare une embuscade. Si les animaux effrayés s'enfuient, l'ennemi tente une attaque surprise ».

Dans les échanges commerciaux également, il faut prêter attention aux signes. Bien que des délits d'initiés permettent à ceux qui possèdent des informations confidentielles qui n'ont pas encore été rendues publiques, d'échanger illégalement des actions et que ces manœuvres soient considérées comme un avantage déloyal, les meilleurs traders utilisent en toute légitimité un mélange d'analyses techniques et fondamentales pour déceler les signes décisifs de futures fluctuations des prix et ainsi dénicher de belles opportunités. Pour cela, ils effectuent d'innombrables calculs en prenant en compte des facteurs économiques et financiers plus larges.

Se méfier des propositions

Le leader devrait avoir pour objectif d'entretenir des relations cordiales et mutuellement respectueuses avec ses concurrents. Il peut même, à l'occasion, collaborer avec eux mais il ne faut pas perdre de vue le fait que les affaires sont une compétition. Des sociétés visent le même public avec des produits ou des services comparables pour s'assurer plus de ventes, gagner une meilleure part de marché et générer un plus grand chiffre d'affaires que leurs adversaires. Dans un tel contexte, il n'est pas étonnant que des tactiques perfides soient déployées pour prendre de l'avance.

Le comportement d'une entreprise vis-à-vis de ses concurrents dit beaucoup de choses d'elle. La naïveté du leadership sera probablement reproduite dans toutes sortes d'initiatives jusqu'au détriment ultime de la société. C'est le signe que la direction est occupée par des personnes inexpérimentées cherchant à plaire à autrui. Mais même aux échelons les plus élevés du monde de l'entreprise, on trouve des vendeurs de poudre de perlimpinpin. En réalité, ces renégats ignobles qui ont réussi à arriver au sommet sont des charlatans très accomplis. Il est essentiel de savoir comment en repérer un, de manière à ne pas succomber à ses charmes de sirène qui cherche uniquement à profiter de l'infortune des autres.

De nos jours, un *gentleman's agreement* ou une poignée de main ne valent pas le papier sur lequel il est écrit. Mettre en action des plans fondés sur de tels engagements non contractuels serait une erreur car ces obligations verbales sont difficiles à prouver dans l'éventualité où une partie revient sur sa parole. Sun Tzu va plus loin en affirmant sans équivoque qu'« une proposition de trêve sans engagement solide signale un complot ».

Comment lier une équipe à la cause

Ici, le maître mot pour le leader est d'être ferme mais juste, d'apparaître accessible et communicatif, tout en n'étant dupe de personne. Ainsi, aucun interlocuteur ne pourra avoir le moindre doute sur son engagement indéfectible à privilégier les intérêts de l'entreprise et de tous ses intervenants. Il ne se fera pas non plus d'illusions sur le fait que le leader ne manquera pas d'agir de manière décisive pour exclure ou bien pourchasser les intérêts qui chercheraient à compromettre ou à saboter la mission de son entreprise.

Cela s'étend à sa propre équipe où il est sage d'opter d'abord pour la carotte, avant de brandir le bâton, tout en s'assurant que le personnel sache que le bâton est dans la boîte à outils et sera utilisé en cas de besoin.

Pour les nouveaux dirigeants, en particulier ceux recrutés en externe, il est essentiel de motiver d'abord, et ensuite de convaincre un ensemble de personnes potentiellement – et à juste titre – méfiantes, avant d'envisager des approches plus dures pour faire adopter un programme. Une fois que l'équipe est unie à la cause et au leader qui la mène, les individus seront moins réticents face à un style de gestion plus ferme étant donné qu'il y aura moins de collaborateurs prêts à rejoindre une manifestation de solidarité. Sun Tzu note à cet égard que « les soldats doivent être traités avec humanité, mais contrôlés par une discipline de fer – c'est la voie certaine de la victoire ».

Il est important de remarquer ici qu'une fois l'allégeance de l'équipe assurée, il est judicieux de passer à une relation moins familière avec ses employés, car s'ils pensent qu'un leader est au même niveau qu'eux, ils croiront aussi instinctivement qu'il sera malléable et exploitable. Par conséquent, ses instructions seront moins susceptibles d'être menées à bien efficacement, voire pas du tout. À ce stade, son autorité est irrémédiablement perdue et avec elle, sa capacité à diriger. À cet égard, la volonté de résister à la microgestion et l'autonomisation de ceux qui sont sous sa responsabilité représentent la meilleure solution pour s'assurer que les employés ne développent pas un ressentiment vis-à-vis de l'autorité exécutive du chef. Pour Sun Tzu, les bénéfices pour les deux parties d'une telle approche sont clairs : « si un général montre sa confiance à ses hommes mais insiste toujours pour que ses ordres soient obéis, cela lui profite, ainsi qu'à ses hommes ».

CHAPITRE 10

LE TERRAIN

地形

1 Sun Tzu dit : On distingue six sortes de terrain :

(1) accessible ;
(2) inextricable ;
(3) neutre ;
(4) étroit ;
(5) accidenté ;
(6) distant de l'ennemi.

2 En terrain accessible, les deux belligérants peuvent se déplacer librement.

3 Pour avoir l'avantage sur ce type de terrain, assurez-vous d'occuper les hauteurs ensoleillées et de garder soigneusement de bonnes lignes d'approvisionnement. Vous serez alors capable de combattre en ayant l'avantage.

4 Le terrain inextricable est celui d'où il est facile de se dégager, mais qui est difficile à reprendre.

5 Sur un tel terrain, si l'ennemi n'est pas prêt, vous le vaincrez facilement. Si, toutefois, l'ennemi est préparé et que votre attaque échoue, il vous sera impossible de revenir et le désastre s'ensuivra.

6 Si aucun camp ne peut avoir le dessus en prenant l'initiative, le terrain est neutre.

7 Sur ce type de terrain, il sera sage de ne pas avancer, même si cela semble avantageux, mais de se retirer, attirant ainsi l'ennemi à son tour; quand l'armée ennemie a engagé la moitié de ses hommes, frappez-la en étant certain d'avoir raison d'elle.

8 En terrain étroit, si vous occupez en premier les passages, bloquez-les, puis attendez l'approche de l'ennemi.

9 Si l'ennemi arrive le premier et réussit à bloquer entièrement la position, ne le poursuivez pas si le passage est bien protégé. Si, toutefois, le passage est faiblement protégé, poursuivez-le.

10 Si vous occupez en premier un terrain accidenté, vous devez vous installer sur les hauteurs ensoleillées et attendre l'ennemi.

11 Si l'ennemi vous a devancé, ne le suivez pas, mais retirez-vous et essayez de l'en faire sortir.

12 En terrain distant de l'ennemi, avec des armées de force égale, il est risqué de combattre. Si vous le faites, le combat tournera à votre désavantage.

13 Ce sont là les six principes concernant le terrain. C'est la responsabilité suprême de tout général de les comprendre parfaitement.

14 Une armée risque de connaître six infortunes, aucune n'étant due à des causes naturelles, mais aux erreurs du général. Ce sont:

(1) la fuite;
(2) la désobéissance;
(3) l'enlisement;
(4) l'effondrement;
(5) la désorganisation;
(6) la déroute.

15 Les autres forces étant égales, quand une troupe s'attaque à une autre, dix fois plus nombreuse, il y aura la fuite de la première.

16 Quand les soldats sont trop forts et les officiers trop faibles, il y a désobéissance. Quand les officiers sont trop faibles et les soldats trop forts, c'est l'enlisement.

17 Quand les commandants en proie à la colère et désobéissants se précipitent sur l'ennemi de leur propre chef, sans attendre que le général ait évalué les chances de victoire, il y aura effondrement.

18 Si le général est faible et manque d'autorité, si ses ordres ne sont pas clairs, si les officiers et les soldats ne se voient pas assigner des devoirs précis, si le déploiement peine à se faire, la désorganisation règne.

19 Si le général est incapable de jauger précisément la force de l'ennemi, s'il finit par opposer une petite troupe à une troupe bien plus nombreuse, ou s'il lance une troupe faible contre une troupe puissante, sans mettre en avant-garde son élite, il y aura déroute.

20 Telles sont les six voies aboutissant à la défaite; c'est la responsabilité première de tout général de les comprendre parfaitement.

21 La configuration naturelle du terrain est la meilleure alliée du soldat. Un grand général sait jauger l'ennemi et maîtriser les chances de victoire, prévoir les obstacles, mesurer les dangers et les distances.

22 S'il les comprend et met en pratique ses connaissances, il est sûr de remporter la victoire. S'il les ignore, il sera vaincu.

23 Si tous ces facteurs indiquent une victoire certaine, le général doit engager le combat, même si son souverain lui enjoint le contraire. De même, si ces facteurs prédisent la défaite, il doit désobéir à son souverain lui enjoignant de combattre.

24 Un général qui avance sans rechercher les honneurs et se retire sans craindre la disgrâce, qui ne pense qu'à protéger son pays et à servir son souverain, est un trésor inestimable pour le royaume.

25 Si vous traitez vos soldats comme vos enfants, ils vous suivront dans les vallées les plus profondes ; si vous les tenez pour vos fils chéris, ils vous suivront jusqu'à la mort.

26 Mais si vous êtes incapable de les commander avec autorité, si vous avez bon cœur mais êtes incapable de vous faire obéir et, qui plus est, êtes incapable de mettre fin au désordre, vos troupes, comme des enfants gâtés, ne sont bonnes à rien.

27 Savoir que vos troupes sont prêtes à l'offensive sans connaître les défenses de l'ennemi réduit de moitié les chances de victoire.

28 Être fixé sur les capacités de l'ennemi, mais ignorer le potentiel de vos troupes, réduit de moitié les chances de victoire.

29 Savoir que l'ennemi et vos troupes sont prêts, mais ignorer la nature du terrain, réduit de moitié les chances de victoire.

30 Le soldat expérimenté avance seulement quand il est sûr de la direction et ne prend la route que s'il est certain de ne pas manquer de vivres.

31 C'est pourquoi on dit: si vous connaissez l'ennemi et si vous vous connaissez vous-même, la victoire est assurée. Si vous connaissez le ciel et la terre, votre victoire sera totale.

Lorsque l'ego disparaît, l'âme s'éveille

Dans *L'Art de la guerre*, les premiers passages du chapitre sur le terrain sont consacrés à une discussion sur tous les types de terrain et les différentes réponses d'un général. De même, pour les généraux d'affaires actuels, le terrain du marché est variable, étant parfois bienveillant, parfois hostile. Les entreprises doivent prendre en compte ces fluctuations pour déterminer si elles doivent agir, à quel moment et de quelle façon.

Si l'environnement est entièrement ou partiellement obscurci – surtout si un concurrent prédomine déjà ou dispose d'un avantage concurrentiel dans un marché de niche –, il vaut mieux attendre jusqu'à ce que les contours du pays se révèlent, puisqu'un déploiement des ressources à l'aveugle peut affecter de manière significative les possibilités de retour sur investissement. Pour Sun Tzu, un tel terrain n'est pas « un terrain accessible », mais plutôt un terrain « inextricable », « étroit », « accidenté » ou « distant de l'ennemi ».

La configuration du terrain

Le général, ou le chef d'entreprise d'aujourd'hui, « qui a atteint un poste à responsabilité doit les étudier avec attention » car chacun d'eux nécessite une méthodologie et une réflexion distinctes.

Ainsi, des changements dans le cadre réglementaire peuvent augmenter les chances d'une entreprise ou au contraire, leur porter atteinte. Si des adaptations ou des mises au point potentielles de la réglementation actuelle sont débattues dans les coulisses du pouvoir, mais qu'un débat finement équilibré implique un résultat encore incertain, il est judicieux d'attendre avant de s'engager dans une stratégie subordonnée aux règles.

Dans une multitude de pays, des taxes sur le sucre conçues pour prévenir l'obésité et protéger la santé des citoyens ont déjà été votées ou le seront bientôt. Cela a contraint les industriels du secteur de l'agroalimentaire actifs dans ces pays à repenser leur modèle économique.

Aux États-Unis, il y a eu sur ce sujet davantage de résistance puisque les taxes sur les boissons gazeuses n'ont été appliquées que dans certaines zones. Pourtant, de par les recherches qui suggèrent un impact durable sur la consommation de sucre dans ces régions, les producteurs américains de boissons, en particulier, seraient avisés de prendre en compte la possibilité que cette taxe soit étendue et appliquée à la nation américaine tout entière.

En Europe, le règlement général sur la protection des données, plus connu par son acronyme RGPD, correspond à une loi européenne sur la vie privée. Celle-ci exige des entreprises qu'elles endossent la responsabilité de protéger les données personnelles. Les sanctions en cas de non-respect peuvent être lourdes, se traduisant par des amendes élevées, une atteinte à la réputation, une perte de productivité et même des peines d'emprisonnement. Il suffit de demander aux grands groupes de la Tech que sont Amazon, Meta et Google : chacun d'eux a été condamné à hauteur de centaines de millions de dollars depuis que cette réglementation est entrée en vigueur.

Par ailleurs, le Royaume-Uni étant sorti de l'Union européenne depuis le RGPD, bénéficie désormais de l'indépendance nécessaire pour réexaminer ce cadre, ce qui signifie que les entreprises opérant au Royaume-Uni doivent rester vigilantes aux changements à venir afin de respecter en permanence la réglementation.

L'introduction de nouvelles règles de conformité – qu'il s'agisse de protéger les consommateurs, les employés ou la capacité de résistance du secteur où évolue une entreprise – ne va pas forcément détruire cette société. Cependant, cela générera des coûts, et des décisions devront être prises pour savoir si ces derniers peuvent être absorbés, si des coupes doivent être faites dans certains budgets ou si le coût peut être répercuté sur le client. Et pendant ce temps, une entreprise doit être consciente de la façon dont les autres firmes dans la même situation sont susceptibles de réagir afin de rester compétitive.

Les sociétés qui investissent dans un cadre de gestion efficace des évolutions de réglementation seront non seulement dans une meilleure position pour anticiper des changements de règles potentiellement critiques, mais seront également mieux organisées pour préparer une série de réponses stratégiques devant être mises en œuvre calmement et rapidement. Elles seront ainsi parfaitement placées pour sécuriser un avantage concurrentiel dans n'importe quel contexte, alors que les autres seront peut-être dans la confusion, essayant désespérément de s'adapter à la nouvelle réalité. Par conséquent, bien qu'une entreprise soit à juste titre réticente à passer à l'action avant de connaître l'ensemble des faits, elle n'a aucun intérêt à tergiverser quand la brume se dissipe car le terrain n'est plus « neutre ». C'est ainsi que Sun Tzu décrit un terrain sur lequel « aucun camp ne peut avoir le dessus en prenant l'initiative ». Après la grave crise économique mondiale qui a sévi en 2007 et 2008, due à un secteur financier mal régulé, le balancier est reparti brusquement dans l'autre sens, ouvrant une période de contrôle strict dans le but d'éviter un nouveau krach.

Soutenues par l'État, cette surveillance et cette obligation des firmes de services financiers d'assainir leurs affaires ont induit pour ces dernières de nouvelles exigences, lourdes et coûteuses, en matière de fonds propres ainsi que des obligations en matière de déclaration, entraînant des réductions de marges. Les entreprises qui ne se sont pas adaptées sont tombées de haut, avec des sanctions sévères et des pertes de primes agissant comme un bâton pour imposer des changements de culture et de comportement. Il peut être difficile de s'extraire d'un terrain que Sun Tzu décrit comme « inextricable » et « difficile à reprendre ». Toutefois, si une entreprise peut exercer son autorité et garder le contrôle dans cet environnement exigeant, « sur un tel terrain, si l'ennemi n'est pas prêt, vous le vaincrez facilement ».

Pendant ce temps, l'attrait d'une meilleure réputation vis-à-vis des intervenants – attrait qui auréolait clairement ceux agissant de manière plus responsable et adoptant le changement dans un contexte d'investissements de plus en plus éthiques – a permis de dynamiser le processus.

Le leader destructeur

Un leader médiocre, égoïste ou tout simplement incompétent peut détruire une entreprise. Même si ce n'est pas une mince affaire, il doit tout voir et tout savoir, tout en faisant en sorte que la société ne dépende pas trop de lui afin qu'elle puisse survivre à son départ. Cela veut dire qu'il doit mettre en place des processus solides pour transférer le pouvoir en douceur et garantir une transition sans heurt.

Il est essentiel pour la bonne santé à long terme d'une entreprise que l'autorité accordée à un dirigeant ne se confonde pas avec sa personnalité et que les perspectives de la société ne soient pas définitivement dégradées si jamais cet individu ne restait pas en fonction. Au contraire, la fonction exécutive qui lui est conférée devrait pouvoir être assumée par une nouvelle personne sans difficulté.

L'entreprise doit être plus grande que n'importe quel individu car il ne doit pas y avoir d'individualité dans une équipe.

Les meilleures stratégies auront à cœur les intérêts de la société, pas ceux du capitaine. Elles s'appuieront sur l'ensemble de l'entreprise qui agira de concert pour les mettre en œuvre avec succès si toutes les personnes concernées sont aussi peu enclines à l'unilatéralisme que l'est, avec un peu de chance, la personne à la tête de l'entreprise.

La réussite dépend de la communication et de toutes les strates de l'entreprise qui adhèrent à la stratégie afin que tous les employés avancent dans le même sens. Si cet état d'esprit collectif est absent, « quand les commandants en proie à la colère et désobéissants se précipitent sur l'ennemi de leur propre chef, sans attendre que le général ait évalué les chances de victoire, il y aura effondrement ».

Cela ne veut pas dire que le leader n'ait pas son mot à dire dans le déroulement des opérations. Comme le dit Sun Tzu, « une armée risque de connaître six infortunes, aucune n'étant due à des causes naturelles, mais aux erreurs du général ».

Dans le monde de l'entreprise, un dirigeant narcissique qui laisse son ego prendre le dessus peut mettre à terre une entreprise à cause de mauvaises décisions ou de méthodes autocratiques et contraires à l'éthique. Ce genre de personne est plus répandu que l'on pourrait l'imaginer et l'exemple dysfonctionnel qu'il montre peut rapidement se propager à toute la société. Si les choses semblent se détériorer – ou sont en train de le faire – sous sa gouverne, il est essentiel de le destituer.

Les six calamités auxquelles fait référence *L'Art de la guerre* – à savoir la fuite, la désobéissance, l'enlisement, l'effondrement, la désorganisation et la déroute – peuvent toutes remonter jusqu'au dirigeant. Des chefs défaillants peuvent faire le mauvais choix quant au moment d'entrer sur le marché, concurrencer un adversaire trop puissant, recruter des collaborateurs médiocres à des postes clés, échouer à unir une équipe disparate à la poursuite d'un objectif commun, ou encore collecter des renseignements insuffisants. En bref, ils peuvent commettre toutes sortes d'erreurs de jugement qui contribuent directement ou indirectement à dégrader voire à détruire les perspectives d'une entreprise. Sun Tzu résume sa pensée dans cette déclaration selon laquelle « si le général est faible et manque d'autorité, si ses ordres ne sont pas clairs, si les officiers et les soldats ne se voient pas assigner des devoirs précis, si le déploiement peine à se faire, la désorganisation règne ».

En faisant preuve d'une véritable humilité, par laquelle toute tendance naturelle des vices comme l'orgueil, la cupidité et la jalousie est remplacée par une pensée collective, les leaders exercent le type d'autorité qui inspire et attire irrésistiblement une équipe vers eux. Les employés constatent alors que ses prises de décision ne sont pas guidées par une quête de gloire mais par un désir d'agir dans les meilleurs intérêts de l'entreprise et qu'elles découlent d'une analyse objective. C'est pourquoi Sun Tzu affirme qu'« un général qui avance sans rechercher les honneurs et se retire sans craindre la disgrâce, qui ne pense qu'à protéger son pays et à servir son souverain, est un trésor inestimable pour le royaume ».

L'Art de la guerre rappelle aux lecteurs qu'un général doit considérer les soldats sous son commandement du même œil qu'il verrait ses propres enfants. De même, le chef d'entreprise doit traiter ses employés avec un altruisme similaire afin de susciter la loyauté et le respect qu'un enfant ressent pour ses parents. Ces enfants – à la fois les soldats et les employés – peuvent être parfois rétifs et doivent subir la sanction des parents quand ils sont pris en faute. Cela fait partie des marques d'intérêt qu'ils doivent recevoir pour faire des progrès. Comme des enfants, ils seront plus enclins à respecter celui qui pose des limites et seront moins susceptibles de se rebeller. Comme le souligne Sun Tzu : « Mais si vous êtes incapable de les commander avec autorité, si vous avez bon cœur mais êtes incapable de vous faire obéir et, qui plus est, êtes incapable de mettre fin au désordre, vos troupes, comme des enfants gâtés, ne sont bonnes à rien. »

CHAPITRE 11

LES NEUF SITUATIONS

九 地

1 Sun Tzu dit : L'art de la guerre identifie neuf types de terrain :

(1) le terrain de dispersion ;
(2) le terrain facile ;
(3) le terrain de confrontation ;
(4) le terrain ouvert ;
(5) le terrain de communication ;
(6) le terrain hostile ;
(7) le terrain difficile ;
(8) le terrain d'encerclement ;
(9) le terrain de destruction.

2 Si un souverain local combat sur ses propres terres, on est en terrain de dispersion.

3 S'il s'est aventuré brièvement dans le territoire ennemi, on est en terrain facile.

4 Le terrain de confrontation est profitable aux deux camps.

5 Si le terrain offre une liberté de mouvement aux deux parties, il est ouvert.

6 Le terrain de communication se trouve aux confins de trois fiefs, si bien que celui qui l'occupe en premier contrôle la majeure partie de l'Empire.

7 Si une armée s'est enfoncée profondément en territoire ennemi, laissant derrière elle de nombreuses villes fortifiées, vous êtes en terrain lourd.

8 Les montagnes couvertes de forêts, les escarpements accidentés, les marais et les bourbiers – tous ardus à traverser – sont des terrains difficiles.

9 Le terrain d'encerclement n'offre qu'un accès étroit et nulle possibilité de retrait facile, de sorte qu'une petite force ennemie n'aura aucun mal à repousser une troupe nombreuse de vos hommes.

10 Si vous devez vous battre pour survivre et que le moindre retard présage le désastre, c'est un terrain de destruction.

11 Ne combattez pas en terrain de dispersion et ne vous arrêtez pas en terrain facile. N'attaquez pas en terrain de confrontation.

12 N'essayez pas de bloquer l'ennemi en terrain ouvert. Formez des alliances en terrain de communication.

13 En terrain lourd, accumulez du butin. Poursuivez votre chemin en terrain difficile.

14 Soyez astucieux en terrain d'encerclement. Combattez en terrain de destruction.

15 Les grands leaders de jadis savaient séparer l'avant-garde de l'ennemi de son arrière-garde, empêcher la coopération entre ses petits détachements et sa troupe principale, entraver l'aide des troupes d'élite aux divisions plus faibles et couper les communications entre officiers et soldats.

16 Ils savaient disperser l'ennemi et entretenir son désordre.

17 Ils avançaient si c'était opportun ou restaient sur leur position si le mouvement ne présentait nul avantage.

18 On peut se demander: qu'en est-il si l'ennemi avance pour attaquer avec une armée nombreuse et bien organisée? La réponse est: emparez-vous de quelque chose qui lui tient à cœur, et il vous obéira.

19 La rapidité est l'essence même des opérations militaires. Profitez du moment où l'ennemi n'est pas prêt ; surgissez en prenant des chemins de traverse et attaquez les endroits exempts de défenses.

20 Les principes d'une campagne en territoire ennemi sont les suivants : plus vous vous y enfoncez profondément, plus la cohésion de vos troupes s'accroît, rendant la résistance de l'ennemi encore plus difficile.

21 Si vous vous retrouvez sur des terres fertiles, profitez-en pour pourvoir en vivres votre armée.

22 Assurez-vous du bien-être de vos soldats et laissez-les se reposer. Concentrez votre énergie et préservez votre force. Gardez votre armée continuellement en mouvement et concevez des tactiques ingénieuses.

23 Ne craignez pas de lancer vos troupes dans une situation sans issue, car les soldats préfèrent la mort à la fuite. S'ils regardent la mort en face sans broncher, rien ne leur est impossible : les officiers et les soldats donneront tout ce qu'ils ont.

24 Quel que soit leur rang, les soldats se ruent sans crainte dans les situations dangereuses. Ils tiennent bon quand il n'y a pas de recul possible. En territoire hostile, ils serrent les rangs. Quand il n'y a pas d'autre solution, ils combattent jusqu'au dernier.

25 Ainsi, sans attendre d'être rassemblés, de tels soldats sont toujours vigilants sans y être incités; ils exécutent les tâches sans qu'on le leur impose; ils sont loyaux sans y être poussés et agissent comme il convient, même sans ordre.

26 Interdisez les augures et les pratiques superstitieuses. Ainsi, jusqu'à ce que la mort arrive, aucune calamité ne sera à craindre.

27 Si vos soldats ne sont pas riches, ce n'est pas parce qu'ils dédaignent la richesse; si leur vie n'est pas excessivement longue, ce n'est pas parce qu'ils sont peu enclins à la longévité.

28 Le jour de la bataille, vos soldats pleureront, les larmes de ceux assis mouilleront leurs tuniques, les larmes de ceux allongés couleront sur leurs joues. Mais une fois dans la mêlée, ils montreront le courage de Chu et la bravoure de Kuei.

29 Le soldat habile doit suivre l'exemple du shuai-jan – le grand serpent des montagnes Chang: quand on attaque sa tête, il frappe de sa queue; quand on attaque sa queue, il frappe de sa tête; quand on attaque son corps, il frappe de sa tête et de sa queue.

30 Si on me demande si une armée peut imiter le shuai-jan, je répondrai oui! Bien que les gens de Wu et de Yue se détestent, s'ils se retrouvent sur le même bateau dans la tempête, ils vont s'aider les uns les autres comme la main gauche aide la droite.

31 Il ne suffit pas d'entraver les chevaux et d'enterrer les roues des chars pour empêcher les soldats de fuir.

32 Le principe du gouvernement d'une armée est de déterminer un critère de courage pour tous.

33 L'utilisation avisée du terrain permet d'obtenir le meilleur de vos hommes les plus forts ainsi que des plus faibles.

34 Le général habile dirige ses troupes comme s'il conduisait par la main un seul homme, qui ne peut que le suivre bon gré mal gré.

35 Il est du ressort du général de rester impavide pour garder le secret; d'être équitable pour maintenir l'ordre.

36 Il doit se montrer capable de laisser dans l'ignorance de ses intentions ses officiers et ses soldats en faisant courir des rumeurs et en usant d'astuces.

37 En modifiant ses dispositions et ses plans, il tient l'ennemi dans l'ignorance. En déplaçant son campement et en faisant des détours, il empêche l'ennemi de deviner ses mouvements.

38 Le moment venu, un général agit comme un homme qui grimpe très haut, puis fait tomber son échelle. Il fait pénétrer profondément son armée en territoire ennemi avant de dévoiler ses intentions.

39 Il brûle ses bateaux et brise ses marmites ; pareil à un berger qui conduit son troupeau, il conduit ses hommes ici et là, sans que nul ne sache où il va.

40 Le rôle du général est de rassembler ses forces et de les lancer au cœur du danger.

41 Il doit étudier minutieusement sa tactique, l'adaptant aux neuf sortes de terrain, jauger de l'intérêt de l'attaque ou de la retraite, comprendre les lois fondamentales de la nature humaine.

42 Lorsque vous envahissez un territoire hostile, plus vous y pénétrez profondément, plus votre armée est unie ; si vous restez trop près de vos frontières, l'armée se relâche.

43 Quand vous conduisez vos troupes hors de vos frontières, vous êtes en terrain difficile. Si la région est accessible de tous côtés, c'est un terrain ouvert.

44 Si vous êtes au cœur du territoire ennemi, c'est un terrain lourd. Si vous n'avez pénétré que peu dans le territoire ennemi, c'est un terrain facile.

45 Si l'ennemi a des positions solides derrière vous et si des défilés étroits se montrent devant vous, c'est un terrain d'encerclement. Quand vous êtes acculé, c'est un terrain de destruction.

46 En terrain de dispersion, je soude mes hommes avec un objectif commun. En terrain facile, je garde mon armée en formation serrée.

47 En terrain de confrontation, je fais se dépêcher mon arrière-garde.

48 En terrain ouvert, je surveille mes défenses. En terrain de communication, je consolide mes alliances.

49 En terrain hostile, j'assure la continuité de mon approvisionnement. En terrain difficile, je poursuis ma route.

50 En terrain d'encerclement, je bloque toute voie de retraite. En terrain de destruction, je montre à mes troupes que sauver leur vie est impossible.

51 Car il est dans la nature du soldat d'opposer une résistance obstinée quand il est encerclé, de se battre avec acharnement quand il pense que tout est perdu et d'obéir aussitôt aux ordres quand il est en danger.

52 On ne peut pas nouer des alliances profitables sans comprendre les priorités des nobles locaux; on ne peut pas conduire une armée sans connaître parfaitement le terrain – ses montagnes et ses forêts, ses obstacles et ses impasses, ses marais et ses bourbiers. Pour profiter au mieux des configurations naturelles, on doit se servir de guides locaux.

53 Ignorer n'importe lequel de ces principes ne convient pas à un général qui fait la guerre.

54 En attaquant un pays puissant, un général digne de ce nom ne laisse pas à l'ennemi le temps de réunir ses forces. Il intimide ses adversaires et empêche les alliés de son ennemi de le rejoindre.

55 Il ne cherche pas à nouer des alliances avec tout le monde, pas plus qu'il ne soutient la puissance d'autres États. Il garde ses intentions pour lui, laissant planer la menace sur ses opposants. Il peut ainsi prendre leurs villes et conquérir leurs royaumes.

56 Ne vous laissez pas entraver par les usages, mais accordez les récompenses dûment méritées et donnez des ordres selon la situation ; vous pouvez alors diriger l'armée comme un seul homme.

57 Montrez à vos soldats l'exemple par l'action ; ne leur dévoilez pas vos objectifs. Faites-leur savoir les avantages, sans rien leur dire des dangers qu'ils encourent.

58 Placez votre armée dans un péril mortel et elle survivra ; plongez-la dans la plus désastreuse des situations, et elle s'en sortira indemne.

59 Car lorsqu'une armée est dans le plus grand danger, elle peut remporter la victoire.

60 À la guerre, le succès est obtenu en faisant semblant de vous laisser duper par les plans de l'ennemi.

61 En visant constamment le flanc exposé de l'ennemi, nous réussirons à long terme à tuer son général.

62 C'est la capacité d'accomplir quelque chose en faisant appel à la ruse.

63 Quand la guerre est déclarée, fermez tous les passages, annulez tous les sauf-conduits et empêchez le voyage de tous les émissaires adverses.

64 Établissez soigneusement vos plans de campagne dans la salle du conseil afin de contrôler la situation.

65 Si l'ennemi vous laisse une ouverture, engouffrez-vous-y.

66 Anticipez les actions de votre adversaire en vous emparant de ce qui lui est le plus cher, sans lui laisser le temps de réagir.

67 Adaptez vos plans en fonction des mouvements de l'ennemi jusqu'à l'amener à la bataille décisive.

68 Montrez d'abord de la timidité, jusqu'à ce que l'ennemi vous laisse une ouverture, puis avancez tel un lièvre pour qu'il ne puisse pas résister.

Mener le jeu du leader

Dans le chapitre 11, *L'Art de la guerre* s'intéresse à nouveau aux différents types de terrains. C'est un thème clé pour Sun Tzu qui nous indique que c'est folie de se compliquer inutilement la vie en empruntant les routes les plus difficiles. Une telle voie est vouée à l'échec et est au détriment du groupe. Par conséquent, il souhaite que les chefs sachent quelles conditions se combinent pour créer des types de terrains difficiles, hostiles, de confrontation, de destruction et autres et comment ils doivent agir dans chaque cas afin de s'assurer un avantage ou d'éviter un désavantage, tout en préservant le plus de ressources possibles.

Les masochistes ne gagnent pas plus dans le monde des affaires que sur le champ de bataille. La hiérarchie pyramidale qui existe en dessous du chef est collectivement motivée par le besoin pour le leader de promouvoir le changement de manière sage et empathique et d'obtenir des résultats avec des décisions éclairées. Le soldat ou l'employé est prêt – et il est même heureux de le faire – à abandonner son autonomie personnelle moyennant le fait que quelqu'un d'autre (le leader) agisse comme un rempart envers les exigences de la vie. Si le leader prend de manière cohérente les bonnes décisions et crée les conditions propices à garantir une rémunération régulière qui permet au travailleur d'être un rouage de la société, il aura intérêt à le suivre.

Une vie de dévouement

Un chef à part entière saura quand attaquer et quand attendre, en fonction des conditions et de l'environnement. Le fait d'adopter un état d'esprit qui accepte l'autorité qui lui a été déléguée et confiée par de nombreux intervenants, y compris ceux de rang apparemment moins élevé, est un moyen rapide de devenir un meilleur leader.

Le chef est au service au même titre que les agents en première ligne et il est là pour les représenter et agir au mieux de leurs intérêts. Une telle pensée aussi pure se reflétant dans ses actions et dans son comportement transformera le leader en un aimant, attirant sans effort à lui ceux qu'il cherche à solliciter.

Diviser l'adversaire

Lorsqu'il s'agit d'engager le combat contre l'adversaire, une approche intemporelle, pas moins pertinente aujourd'hui qu'elle ne l'était lorsque *L'Art de la guerre* a été écrit, consiste à diviser pour mieux régner, ce qui permet de semer la discorde dans les rangs des concurrents et ainsi de réorienter la colère et autres comportements hostiles vers la source des ennuis.

Cet outil peut être particulièrement puissant quand on cherche à repousser une intrusion sur son territoire naturel. Sun Tzu comprend parfaitement cela lorsqu'il écrit que « les grands leaders de jadis savaient séparer l'avant-garde de l'ennemi de son arrière-garde, empêcher la coopération entre ses petits détachements et sa troupe principale, entraver l'aide des troupes d'élite aux divisions plus faibles et couper les communications entre officiers et soldats ».

Cela permet à une société plus petite d'en affronter une plus grande en divisant le marché, sur lequel celle-ci pourrait exercer un monopole, en groupes plus gérables et moins cohérents. Par exemple, grâce à des éléments de leadership éclairé, elle peut réaliser des blogs et autres publications et campagnes afin d'influencer le récit du secteur en question. Elle peut alors indirectement exploiter les points sensibles et les objectifs non satisfaits – qu'ils soient d'ordre financier ou fondés sur la valeur ou l'ambition – à partir du portefeuille de clients de la concurrence.

Le fait de cibler des éléments fondamentaux des activités d'un adversaire – par exemple, en s'immisçant dans des approvisionnements primordiaux et limités que chaque partie convoite, *via* une campagne de publicité agressive ou en cassant les prix dans des gammes clés – pourra inciter l'entreprise ciblée à remuer ciel et terre pour faire face à la menace. À partir de ce moment-là, des mentalités de cloisonnement commencent à bloquer le partage d'informations établies et précieuses entre les services. Face à un tel scénario, certains employés en concluront parfois que leurs besoins et leurs attentes seront mieux servis en quittant le navire pour rejoindre une entreprise avec laquelle ils se sentent plus en phase.

En interne, le leader doit se servir d'approches davantage inspirantes et positives qui cherchent à montrer l'exemple, plutôt que s'évertuer à déclencher des querelles intestines parmi ses subalternes pour préserver sa position personnelle. En plus de courir le risque d'introduire une culture d'entreprise agressive sur laquelle il sera difficile de revenir, la tactique de diviser pour régner est aussi synonyme d'insécurité, ce qui est indigne d'un leader puissant.

La nécessité d'une réponse coordonnée à l'échelle de toute l'équipe revêt une importance capitale. Dans les enseignements de Sun Tzu, les différents services commerciaux peuvent être considérés comme « les hommes de Wu et les hommes de Yue », qu'il décrit comme des « ennemis ». Malgré cela, il précise clairement que « s'ils se retrouvent sur le même bateau dans la tempête, ils vont s'aider l'un l'autre comme la main gauche aide la droite ».

Dans le même temps, une bonne volonté à communiquer publiquement avec ses clients – en particulier avec ceux qui laissent des commentaires négatifs – contribuera d'une part à tuer dans l'œuf n'importe quelle publicité défavorable et à en atténuer l'effet et, d'autre part, à associer une offre à un esprit de transparence et d'écoute.

Comment inspirer la dévotion

Les crises peuvent être conjurées uniquement lorsque le leader a la situation bien en main et qu'il peut compter sur les autres pour exécuter ses instructions. Sun Tzu sait que lorsque le soldat a le dos au mur et risque la défaite ou la mort s'il cède ou s'effondre, il sera capable de déployer encore plus de bravoure et de détermination obstinée. De même, si ceux qui travaillent pour une entreprise sont loyaux, liés à la cause et font confiance à leur dirigeant, ils répondront à l'appel aux armes et s'emploieront sans relâche à réparer le désastre en cours.

« Quel que soit leur rang, les soldats se ruent sans crainte dans les situations dangereuses. Ils tiennent bon quand il n'y a pas de recul possible. En territoire hostile, ils serrent les rangs. Quand il n'y a pas d'autre solution, ils combattent jusqu'au dernier ».

Sun Tzu entend par là que tout n'est pas forcément perdu, même si la situation paraît désespérée. En effet, les crises existentielles peuvent révéler le meilleur des gens tant que le leader a prodigué des soins de manière impartiale. Des soins équitables et une capacité à attribuer au personnel des rôles jouant sur leurs points forts permettent de rallier celui-ci à un but commun.

Dans le même temps, ces ressources humaines qui se rassemblent autour d'une vision et satisfont les attentes formulées par le leader doivent être récompensées car elles constituent collectivement l'oracle qui diffusera les connaissances pour trouver des objectifs et y répondre avec confiance.

Et le fait de récompenser la réussite contribue à nourrir la main-d'œuvre et à apporter un sentiment de solidarité à l'équipe. Cet état d'esprit doit être en place et capable d'être sollicité si une entreprise s'attend à traverser une mauvaise passe. Sun Tzu nous rappelle que « si vous vous retrouvez sur des terres fertiles, profitez-en pour pourvoir en vivres votre armée ».

Il stipule aussi clairement que le chef doit « [s'assurer] du bien-être de [ses] soldats et [les laisser] se reposer. [Il doit concentrer son] énergie et [préserver sa] force ».

Maîtriser le flux d'informations

Prendre soin de ses troupes ou de son personnel pour s'assurer qu'il reste loyal, dévoué et motivé veut aussi dire de ne pas le surcharger d'informations qu'il n'a aucune raison de connaître et qui peuvent parfois le déstabiliser. Des projets essentiels, comme une future offensive majeure sur le champ de bataille ou sur le marché, ou bien des nouvelles vraiment mauvaises, ne nécessiteront probablement d'être partagées que si cela est essentiel. Les gens ne sont pas tant déloyaux par nature qu'enclins aux confessions ; par conséquent, diffuser uniquement des nouvelles sur ce qui va arriver ou sur la gravité d'une situation au sein d'un cercle très soudé de confidents fiables, jusqu'à ce que le moment soit venu, réduit l'étendue des fuites ou de la panique. Sun Tzu remarque qu'« il est du ressort du général de rester impavide pour garder le secret ; d'être équitable pour maintenir l'ordre ».

À travers le monde, alors que les choses commençaient à se tasser concernant la pandémie de la COVID-19 et que venait le temps de la réflexion et de l'analyse, les gouvernements ont été blâmés avec colère par les peuples au nom desquels ils agissaient. Tout cela à cause de la manière avec laquelle ils avaient géré le flux d'informations et leurs raisons d'agir. Or, ces gouvernements ont cherché à interpréter des données avec précision pour déterminer à quel moment et dans quelle mesure imposer des confinements, quel niveau de soutien financier apporter, comment se procurer et distribuer des équipements de protection individuelle, des vaccins et bien d'autres choses encore. Dans le même temps, ils se sont efforcés en permanence d'écarter une panique nationale et de maintenir la loi et l'ordre.

L'accusation collective portée contre eux, selon laquelle ils avaient caché des informations critiques, omettait de reconnaître que les gouvernements en question n'étaient absolument pas préparés à l'ampleur ni aux dures réalités des défis auxquels ils ont fait face ; qu'ils essayaient d'équilibrer l'exigence de transparence du public et le fait qu'ils cherchaient eux-mêmes à tâtons des réponses appropriées. Les effets profondément déstabilisants d'avoir à admettre cela en temps réel leur auraient encore plus compliqué la tâche en matière de maintien de l'ordre et de la sécurité, conduisant potentiellement à un effondrement du tissu social.

Le leader doit s'attendre à être pris pour cible sans relâche, étant donné que le fait de le renverser représente un scalp précieux et aurait un effet d'entraînement négatif très grave. Qu'il s'agisse de firmes rivales ou de prétendants au trône au sein de l'entreprise, le grand chef doit accepter comme faisant partie du jeu que d'autres cherchent à lui faire une réputation de comportement contraire à l'éthique, d'infraction aux règles ou d'incompétence.

Conscient de tout cela, le leader s'efforce d'être plus blanc que blanc dans sa conduite du personnel et de rester du bon côté de toutes les règles et réglementations pertinentes, tout en restant astucieux et sagace. C'est un exercice d'équilibriste très subtil mais le leadership s'apparente à marcher sur une corde raide. Pour s'attendre à ce que les autres suivent, il faut montrer l'exemple.

Sun Tzu voit l'élimination du leader comme un objectif clair. « En visant constamment le flanc exposé de l'ennemi, nous réussirons à long terme à tuer son général », dit-il.

CHAPITRE 12

L'ATTAQUE PAR LE FEU

火攻

1 Sun Tzu dit: Il existe cinq sortes d'attaque par le feu. La première est de brûler les troupes ennemies dans leur campement, la deuxième est de consumer leurs vivres, la troisième est d'incendier leur équipement, la quatrième est d'enflammer leurs arsenaux. Les flèches incendiaires sont la cinquième.

2 Pour lancer une attaque, on doit avoir sous la main nombre de moyens. Pour attaquer par le feu, il faut préparer certaines choses.

3 Il existe de plus une époque favorable pour une telle attaque et des jours idéaux pour déclencher une conflagration.

4 Le temps très sec est le meilleur; les jours propices sont ceux où la lune se trouve dans les constellations du Van, des Ailes, du Mur ou du Chariot, quand un grand vent se lève.

5 En planifiant une attaque par le feu, vous devez être préparé à cinq possibilités :

(1) Si le feu se déclare dans le camp de l'ennemi, soyez immédiatement prêt à attaquer.
(2) Si le feu ne suscite toutefois pas la panique chez l'ennemi, évitez d'attaquer.
(3) Quand la force des flammes a atteint son apogée, attaquez, si c'est faisable ; sinon, restez où vous êtes.
(4) Si c'est possible, mettez le feu à l'extérieur du camp, sans attendre de l'incendier de l'intérieur, mais saisissez alors le bon moment pour attaquer.
(5) Positionnez-vous dans la direction du vent par rapport à l'incendie que vous allumez et n'attaquez jamais sous le vent.

6 Un vent qui se lève dans la journée souffle pendant des heures, mais tombe assurément la nuit.

7 Dans toute armée, on doit connaître les cinq sortes d'attaques par le feu, savoir calculer les mouvements des étoiles et rester sur ses gardes pour profiter des jours propices.

8 Un général qui attaque par le feu montre son intelligence ; un général qui se sert de l'eau montre sa force.

9 L'eau peut isoler un ennemi, mais pas détruire son équipement et ses effets.

10 Malheureux est le sort de celui qui essaye de remporter des victoires sans cultiver l'esprit d'entreprise car il en résulte une perte de temps et la stagnation générale.

11 C'est pourquoi on dit, à juste titre, qu'un souverain avisé planifie, un bon général exécute ses plans.

12 N'agissez pas si vous n'y voyez pas un avantage. N'utilisez pas vos soldats s'il n'y a rien à gagner. Ne combattez pas si la position n'est pas critique.

13 Un souverain n'ordonne pas à son général de lever une armée sous le coup de la colère; un général n'attaque pas parce qu'on lui a fait affront.

14 Avancez seulement si c'est dans votre intérêt, sinon restez sur vos positions.

15 La colère peut devenir joie et l'agacement, contentement.

16 Mais un royaume détruit ne se relève pas de ses cendres et les morts ne reviennent pas à la vie.

17 Le souverain avisé est prudent, le bon général, vigilant. C'est là la manière de préserver la paix d'un pays et d'épargner son armée.

Résoudre des problèmes avec succès

Capter les vents dominants du commerce apportera à une entreprise un avantage considérable. Si un adversaire est déjà sous pression et que cela semble devoir se poursuivre, aussi difficile que cela puisse paraître, les conditions sont au beau fixe pour accentuer cette pression.

Cela pourrait constituer le moment optimal pour commercialiser un nouveau produit ou service révolutionnaire auprès d'une clientèle habituée à s'enthousiasmer devant la disruption, pour séduire les porte-monnaie du marché avec des prix extrêmement compétitifs inégalables ou bien pour lancer une campagne de publicité majeure qui submergera les sens des clients et noiera tous les autres messages.

Analogie de la lutte contre l'incendie

Outre le fait d'améliorer l'image de sa propre marque et d'y insuffler un facteur bien-être, de telles actions attirent, en parallèle et implicitement, le feu des projecteurs sur les défaillances de la concurrence qui sera incapable d'introduire quoi que ce soit de nouveau sur le marché, préoccupée qu'elle est par sa lutte contre le feu.

L'Art de la guerre consacre un chapitre entier aux attaques par le feu et illustre l'importance que Sun Tzu attache à manipuler l'adversaire pour le faire tomber dans un état d'urgence et à l'y maintenir. C'est une approche qui offrira une liberté de mouvement totale pour établir et consolider une position car la concurrence ne sera pas en position de répliquer.

Tout comme cela était important pour les généraux à l'époque de Sun Tzu, le chef d'entreprise d'aujourd'hui ne doit pas être trop clément dans de telles situations car l'art de la guerre exige d'être sans pitié sur le plan commercial. Dès lors que l'on a évité les voies sans issue à la légalité douteuse, la responsabilité qu'une entreprise rivale risque de faire faillite à terme incombe à celle-ci et à son leadership, à son *modus operandi* et aux décisions qu'elle a prises ou non.

Ce n'est pas au dirigeant de garder une autre entreprise à flot et le faire ne serait pas rendre service à ses propres intervenants. Les lois du commerce sont similaires aux lois de la nature : le principe de la « survie du plus fort » s'applique. Par conséquent, il est tout à fait naturel qu'une entreprise faible, incapable de s'adapter à son environnement, cesse d'exister sous cette forme.

Attiser un conflit par une rhétorique incendiaire est un moyen moderne d'utiliser le feu comme une arme. Sun Tzu n'hésite pas à faire campagne ainsi et le leader moderne doit lui aussi être prêt à combiner une stratégie « bon enfant » et une salve d'attaques qui donnent un coup de chaud à l'adversaire. Il se débattra alors contre une médiocre visibilité du marché, laissant ses clients exposés à être repris. Sun Tzu ne nous laisse aucun doute sur sa pensée à ce sujet puisqu'il écrit : « Quand la force des flammes a atteint son apogée, attaquez [...]. »

Cela dit, mieux vaut être vigilant quand on joue avec le feu car ce dernier est une bête imprévisible : il existe un danger permanent qu'il consume la propre activité d'une entreprise si celle-ci s'approche de trop près. Par exemple, avant de lancer des accusations d'irrégularités, une société ferait mieux de balayer devant sa porte car le marché ne voit pas l'hypocrisie d'un bon œil. C'est pourquoi Sun Tzu affirme : « Positionnez-vous dans la direction du vent par rapport à l'incendie que vous allumez et n'attaquez jamais sous le vent. »

Éviter l'hypocrisie

L'hypocrisie d'entreprise est particulièrement manifeste de nos jours dans des annonces en matière d'éthique, sociale et de gouvernance ou dans des déclarations d'intention des plus grandes firmes. Certaines entreprises paraissent croire leur propre discours affirmant qu'elles mettent en œuvre des pratiques commerciales écologiques censées réduire au minimum leur impact sur l'environnement alors qu'en réalité, ce ne sont que des boniments.

Une déconnexion générationnelle peut aggraver le problème : les cadres dirigeants âgés et dépassés sous-estiment parfois la jeunesse mondiale de plus en plus révoltée qui connaît parfaitement les médias et sait faire preuve d'ardeur et d'efficacité. De ce fait, ils contrôlent une exagération de la vérité qui proclame que leur firme est plus progressive, plus responsable et plus attentionnée que les autres du secteur, et donc plus digne du soutien des consommateurs ou des actionnaires dans ce type de relations publiques qui ont probablement bien servi l'entreprise par le passé. Pourtant, avec des mouvements populaires de plus en plus médiatisés plaçant les multinationales sous une très haute surveillance, c'est une voie très dangereuse à emprunter qui laisse les entreprises très exposées, au point de se brûler les ailes.

La transparence, l'obligation de rendre des comptes et la responsabilité ne sont plus des principes « accessoires » mais plutôt des attentes de base. Gare aux cadres dirigeants qui n'appréhendent pas la nouvelle réalité économique permanente dans laquelle les actionnaires accordent une importance toujours plus grande aux ressources naturelles.

Un réseau d'adjudants

On ne peut résoudre un problème seul. Bien que le leader ait le dernier mot, il s'appuie sur une armée de subordonnés dynamiques qui l'aident à éclairer, à enrichir et à développer l'entreprise avec de nouvelles idées. Reconnaître et stimuler ce potentiel est la marque d'un patron avisé qui rallie des individus clairement talentueux avant qu'ils aient la possibilité d'établir un réseau d'influence rival à l'extérieur du cercle de confiance. C'est exactement ce qu'entend Sun Tzu quand il écrit qu'« un bon général exécute ses plans ».

En intimant au leader : « N'agissez pas si vous n'y voyez pas un avantage. N'utilisez pas vos soldats s'il n'y a rien à gagner. Ne combattez pas si la position n'est pas critique », le stratège chinois explique très clairement que le gain d'un avantage doit sous-tendre toutes les actions entreprises et que s'engager sans motif fait encourir le risque de gaspiller des ressources. C'est pourquoi il faut d'abord identifier la nature, la source et le cœur d'un problème retardant une avancée vers un objectif reconnu.

Par exemple, une entreprise n'a aucun intérêt à soumettre une consœur à une vive controverse si cette dernière ne représente qu'une faible menace, voire aucune, et qu'elle opère sur un territoire commercial différent. Une telle approche serait déraisonnable étant donné qu'il faudrait déployer des ressources pour engager l'entreprise et gérer les répercussions d'un bénéfice nettement inférieur que si elles avaient été affectées ailleurs.

Sun Tzu déclare qu'« un souverain n'ordonne pas à son général de lever une armée sous le coup de la colère ; un général n'attaque pas parce qu'on lui a fait affront ».

Nous pouvons en déduire que pour justifier une action et modérer d'éventuels intérêts personnels, des émotions éphémères ou des biais de confirmation qui peuvent s'insinuer dans sa prise de décisions, le chef peut et doit pouvoir compter sur le réseau d'adjudants à sa disposition dans son entreprise. Ces ressources internes doivent partir en reconnaissance sur le marché et sécuriser les informations nécessaires pour éclairer des ordres qui détermineront la marche à suivre.

De plus, si un concurrent est jugé menaçant au point de justifier une mobilisation, cela suggère qu'il peut être intéressant de l'acquérir ou de fusionner avec lui. À ce titre, un dirigeant doit se demander quel est l'intérêt d'attaquer violemment cette cible, si cela ne sert qu'à détruire toute valeur ou utilité qu'elle pourrait détenir. Comme le fait remarquer Sun Tzu, « un royaume détruit ne se relève pas de ses cendres et les morts ne reviennent pas à la vie ».

Ces mots résument parfaitement le principe central de l'enseignement de Sun Tzu selon lequel les meilleurs combats sont ceux que l'on évite.

CHAPITRE 13

L'UTILISATION DES ESPIONS

用間

1 Sun Tzu dit: Lever une armée de cent mille hommes et vous engager dans une campagne lointaine entraîne de lourdes pertes supportées par le peuple et draine les ressources de l'État. La dépense sera de mille onces d'argent par jour. Dans le pays, comme à l'extérieur, il régnera une grande agitation, les gens s'écrouleront d'épuisement au bord des routes et sept cent mille familles seront dans l'incapacité d'accomplir leurs tâches quotidiennes.

2 Les armées hostiles peuvent se faire face des années, combattant pour la victoire, qui est décidée en un seul jour. Cela étant, rester dans l'ignorance de la situation de l'ennemi parce que vous êtes trop avare pour payer cent onces d'argent en émoluments, c'est le comble de l'inhumanité.

3 Celui qui agit ainsi n'est pas un chef, un véritable soutien du souverain ou un maître de la victoire.

4 En connaissant d'avance les intentions de l'ennemi, le souverain avisé et le général habile réussissent là où l'homme ordinaire échoue.

5 Cette connaissance anticipée ne vient ni en consultant les esprits ni en comparant des situations analogues. Elle n'est pas découverte en calculant les mouvements du ciel et de la terre.

6 La connaissance de la situation de l'ennemi ne peut être obtenue qu'auprès d'autres hommes.

7 À cette fin, vous pouvez utiliser cinq sortes d'espions :

(1) les espions locaux ;
(2) les espions intérieurs ;
(3) les espions doubles ;
(4) les espions sacrifiables ;
(5) les espions survivants.

8 Si vous employez l'ensemble des cinq, nul ne pénétrera leurs agissements. C'est le réseau divin, le plus grand trésor du souverain.

9 Les espions locaux sont recrutés parmi les gens du pays.

10 Les espions intérieurs sont recrutés parmi les fonctionnaires de l'ennemi.

11 Les espions doubles sont ceux de l'ennemi que nous avons retournés pour les utiliser contre lui.

12 Les espions sacrifiables transmettent de faux renseignements à l'ennemi.

13 Les espions survivants s'emploient à revenir avec des informations.

14 Dans toute l'armée, nul ne vous est aussi proche que les espions, nul n'est plus richement récompensé et nul secret n'est mieux gardé.

15 Les espions ne peuvent pas être utilisés sans une certaine sagacité intuitive.

16 Les espions doivent être traités avec bienveillance et franchise.

17 Vous devez faire preuve d'une grande subtilité pour vous assurer de la véracité de leurs renseignements.

18 La subtilité est essentielle ! Il n'y a pas de lieu où les espions ne sont pas utilisés.

19 Si un espion ébruite une information avant qu'un plan ait porté ses fruits, il convient de le passer par les armes, lui et ceux auxquels il a parlé.

20 Que vous vouliez détruire une armée, prendre d'assaut une ville ou assassiner quelqu'un, il faut toujours commencer par connaître au préalable l'identité du général, des membres de sa suite, de ses aides, de ses portiers et de ses gardes du corps. Ordonnez à vos espions de vous trouver ces informations.

21 Quand vous repérez des agents ennemis qui vous espionnent, soudoyez-les, prodiguez-leur des soins généreux, logez-les confortablement. Ainsi, vous les retournerez et ils vous seront utiles.

22 Les informations qu'ils vous apportent vous aideront à recruter des espions locaux et des espions intérieurs.

23 Par leur entremise, les espions sacrifiables transmettront de faux renseignements à l'ennemi.

24 Et c'est aussi grâce à leurs informations que vos espions survivants pourront agir comme la situation l'exige.

25 Le but de l'emploi des cinq sortes d'espions est la connaissance de l'ennemi ; cette connaissance repose avant tout sur l'espion double. Il est donc essentiel qu'il soit traité avec une grande libéralité.

26 Jadis, l'ascension au pouvoir de la dynastie Yin a été due au travail de Yi Zhi, précédemment au service des Xia, et l'ascension au pouvoir de la dynastie Zhou, au travail de Lu Ya, précédemment au service des Yin.

27 Seuls le souverain avisé et le général habile qui utiliseront les meilleurs espions de l'armée accompliront de grandes choses. Les espions sont l'élément le plus important pour la guerre, car l'action de l'armée repose sur eux.

Veille économique

Les leaders les plus avisés savent que l'information est reine lorsqu'il s'agit de remporter la victoire rapidement et à un coût le moins élevé possible. À l'époque de Sun Tzu, cela impliquait un recours aux espions. De nos jours, on parle de veille économique qui peut offrir un précieux aperçu de la concurrence et donner un ascendant sur celle-ci sur le champ de bataille commercial, pas moins éprouvant mais plutôt mieux réglementé.

Équilibrer les comptes

Sun Tzu commence son dernier chapitre sobrement : « Lever une armée de cent mille hommes et vous engager dans une campagne lointaine entraîne de lourdes pertes supportées par le peuple et draine les ressources de l'État. »

Même s'il n'y a parfois rien de glorieux à équilibrer les comptes, le dirigeant sous-estime son importance à ses risques et périls et doit reconnaître que des conflits interminables sont ses ennemis à cet égard. Les meilleurs chefs comprennent qu'il n'y a pas de meilleure préparation à une bataille – aucune qui n'apporte une plus grande certitude de résultat en tous cas – que de rassembler et de faire usage de toute la veille économique pouvant être obtenue légalement. En utilisant les bonnes connaissances, des victoires éclairs sont à portée de main. On évite ainsi une situation où « les armées hostiles peuvent se faire face des années, combattant pour la victoire, qui est décidée en un seul jour ».

Abandonner la prescience à vos risques et périls

Comme les adversaires sur le champ de bataille, des renseignements importants pouvant offrir un avantage ne seront pas offerts ni cédés facilement dans les échanges commerciaux. La leçon à tirer ici est de garder ses réflexions et ses projets secrets aussi jalousement que possible, parce que c'est ce que fera aussi la concurrence.

De plus, bien que l'on puisse déduire la trajectoire probable et les intentions de la concurrence à partir des données acquises légalement ou de source publique, les déclarations prévisionnelles, les données empiriques ainsi que l'instinct et l'expérience du leader, doivent tous être pris avec des précautions. Chaque ressource est importante mais elle reste insuffisante pour générer le niveau de prescience nécessaire pour entreprendre l'action qui garantira probablement la victoire.

En résumé, rien ne vaut la collecte de renseignements sur le terrain, à la recherche de sources principales d'informations fiables.

Le stratège militaire chinois ne le savait que trop bien, comme le montre cette déclaration : « Cette connaissance anticipée ne vient ni en consultant les esprits ni en comparant des situations analogues. »

Il poursuit en disant que « la connaissance de la situation de l'ennemi ne peut être obtenue qu'auprès d'autres hommes ».

Garder à ses côtés un conseiller juridique

Naturellement, cela pose la question de savoir si l'autre camp fait de même. La réponse est « oui » et par conséquent, il convient d'être attentif à qui l'on parle et de faire étudier par son conseiller juridique les éléments importants. Au sein de notre cercle social, nous avons tous des proches avides de commérages qui possèdent un don pour nous amadouer et obtenir de nous des informations personnelles que nous n'avions pas l'intention de dévoiler. Ce genre de personnes existe aussi dans le milieu des affaires et leur charme naturel et leur fiabilité apparente sont des qualités hautement prisées.

Ces personnes peuvent prendre différentes formes : journalistes, employés, délégués à des conférences, étudiants, universitaires ou même un membre du club de golf qui lance une conversation. Par conséquent, le leader doit faire attention à ce qu'il divulgue et à qui. Il doit aussi communiquer ces échanges à d'autres détenteurs d'informations sensibles au sein des échelons supérieurs de l'entreprise.

Bien que pour la plupart des entreprises, il soit désormais de rigueur de demander à leurs employés de signer des accords de confidentialité et de veiller à ce qu'ils soient tenus par contrat à ne pas partager, enregistrer, télécharger ni faire sortir des informations de l'entreprise des emplacements approuvés, c'est un domaine extrêmement difficile à surveiller.

À cet égard, il est judicieux d'éviter le problème dès le départ en limitant l'accès des individus uniquement à ce qu'ils ont besoin de savoir. Parce que moins il y a de personnes au courant, plus il sera difficile pour un éventuel scélérat de transmettre des informations de manière indétectable à des acteurs hostiles. Bien souvent le seul à avoir accès à toutes les sections, le dirigeant doit aussi être bien conscient du fait que c'est lui qui représente de loin le plus grand risque pour l'avenir de l'entreprise, étant donné l'ampleur des informations critiques qu'il détient. De plus, il est lié par le même engagement fondamental à protéger ce qu'il sait comme n'importe qui d'autre dans la société.

Sabre et bouclier

Cependant, il ne faut pas hésiter à faire usage de tactiques concurrentielles de renseignements tant que celles-ci restent dans les limites de la loi. Les actionnaires qui les connaissent ne les considéreront pas comme contraire à l'éthique au détriment de l'entreprise.

Il est utile de rappeler ici que ce qui n'est peut-être pas autorisé dans un territoire peut être de bonne guerre dans un autre. Dans tous les cas, avant d'entreprendre toute activité dans ce domaine, une entreprise devra se soumettre à une étude raisonnable et approfondie. Celle-ci déterminera si la stratégie potentielle relève d'une « veille concurrentielle » acceptable ou illégale. Contrairement à l'époque de Sun Tzu, les sanctions en cas d'erreur peuvent mettre un terme à une carrière et ruiner une entreprise.

L'espionnage industriel consiste à s'emparer de renseignements confidentiels ou opérationnels, comme des informations sur des processus spécifiques à une entreprise particulière ; c'est une affaire sérieuse qui peut procurer un avantage énorme. La tentation de personnes malintentionnées est donc évidente. Le leader doit donc créer de manière rigoureuse les conditions permettant de résister à de telles opérations.

Pour se protéger contre de ce type de comportements pernicieux, il est judicieux de breveter entièrement des découvertes, des modèles et des inventions ainsi que de surveiller de près des données sensibles et ceux qui les utilisent. Pour ceux qui pensent que de telles mesures sont inutiles et que des recours juridiques existent pour réparer d'éventuels torts, il convient de rappeler que, si la source du problème se trouve dans un pays étranger hostile, les chances d'obtenir satisfaction seront inférieures à zéro. Il n'y aura ni procès, ni compensation et des secrets commerciaux décisifs auront été perdus – potentiellement pour être vendus au plus offrant.

Paradoxalement, malgré le fait qu'elles le voient d'un mauvais œil à l'intérieur de leurs frontières, les nations, aussi bien grandes que modestes, soutiennent elles-mêmes la veille économique à divers degrés, mettant en avant cet atout maître pour promouvoir et protéger leurs intérêts de sécurité nationale. Sun Tzu aurait approuvé cela !

Il est essentiel que les intervenants collectant les renseignements soient récompensés de manière appropriée car ce qu'ils apportent sur la table peut décider de la victoire ou de la défaite. Ainsi, il n'est guère surprenant que les analystes financiers soient si bien rémunérés parce que les rares qui obtiennent des résultats correctement et régulièrement peuvent enrichir considérablement les autres.

Par conséquent, de tels espions modernes et intelligents représentent un atout inestimable, comme le remarque Sun Tzu à ce sujet dans *L'Art de la guerre* : « Dans toute l'armée, nul ne vous est aussi proche que les espions, nul n'est plus richement récompensé et nul secret n'est mieux gardé. »

Traiter avec délicatesse

Dans le même temps, il est important d'être sur ses gardes car les mêmes qualités utilisées pour recueillir assez de preuves et établir une conjecture valide sur la situation et les projets d'un rival peuvent être retournées contre soi. Par conséquent, n'importe quelle information doit toujours être recoupée. En effet, *L'Art de la guerre* établit clairement que « vous devez faire preuve d'une grande subtilité pour vous assurer de la véracité de leurs renseignements ».

Comme à l'époque de Sun Tzu, le profil psychologique de ces personnes agissant exclusivement dans leur propre intérêt plutôt que dans celui de leur équipe leur prête des caractéristiques de mercenaires, tandis que leur clandestinité, leurs penchants pour les sensations fortes et leur sentiment de se croire tout permis peuvent faire d'eux des francs-tireurs qui doivent être traités avec précaution.

Cela dit, la valeur des témoignages de première main sur ce qui se passe en territoire ennemi ne devrait pas être dédaignée. Aujourd'hui, des employés ayant travaillé chez la concurrence peuvent apporter avec eux des informations importantes. Ils peuvent aussi potentiellement arriver avec un carnet d'adresses bien garni et de nouvelles affaires, sous réserve que ces dernières n'enfreignent pas des clauses de non-concurrence que leurs anciens employeurs leur auraient fait signer et qu'ils seraient tenus, ainsi que leur nouvel employeur, de respecter.

Ces nouvelles recrues sont susceptibles de faire preuve d'un zèle concurrentiel puissant, associé à une volonté de valider le changement de poste en aidant leur nouvel employeur à supplanter leur ancienne société. Toutefois, ce zèle sera latent ; il faudra donc les amener à l'exprimer délicatement avant de pouvoir en faire usage.

C'est pourquoi il est dans le meilleur intérêt du leader d'aider ces personnes à gérer et à motiver le changement psychologique qui doit survenir avant leur nouvelle embauche pour qu'elles transfèrent leur sentiment d'appartenance de manière aussi rapide et fluide que possible vers leur nouvelle entreprise. Il s'attachera aussi à étouffer tout conflit d'intérêt d'ordre émotionnel que ces personnes pourraient ressentir.

Cela est exposé dans l'un des passages de conclusion de *L'Art de la guerre*, dans lesquels Sun Tzu explique que « le but de l'emploi des cinq sortes d'espions est la connaissance de l'ennemi ; cette connaissance repose avant tout sur l'espion double ».

Rester humble

Sun Tzu conclut son épopée pour la postérité en parlant des dynasties qui ont survécu grâce à la transmission des connaissances, des chefs reconnaissant le talent des autres et l'utilisant au mieux pour le bien commun. De telles approches relèvent de l'édification et de la sagesse, nous dit-il.

Quelque 2 500 ans plus tard, le message selon lequel il n'y a pas de place pour une pensée imprégnée d'ego ou un comportement en quête de gloire résonne autant dans le domaine des affaires modernes que sur les champs de bataille de ce que nous appelons aujourd'hui la Chine.

Le chef d'entreprise qui pense avoir toujours raison, qui passe outre à tous les signes et les signaux du passé et du présent, est certain d'endommager ou de détruire ce qu'il a été appelé à protéger et à développer.

En revanche, celui qui fait preuve d'une véritable humilité est en marche vers la réussite.

Épilogue

Les contextes sont peut-être très différents et séparés par deux millénaires mais, comme les textes religieux vénérés, rassemblés en des lieux reculés de la planète, ont transcendé les lieux et le temps et inspiré une dévotion mondiale, il en va de même pour les messages transmis par *L'Art de la guerre* de Sun Tzu : il brille plus fort aujourd'hui que jamais.

Alors, comment un bref traité portant en apparence sur la stratégie militaire peut-il nous parler aussi profondément à travers les âges ?

Si ces messages se sont révélés si impérissables, c'est parce qu'ils énoncent des vérités éternelles qui sont aussi facilement applicables dans le contexte des entreprises modernes actuelles que sur les champs de bataille de la Chine antique.

Bien que les contextes des usages, des conventions et des procédures ne cessent d'évoluer, les gens ne changent pas, montrant les mêmes forces et les mêmes faiblesses, la même lumière et le même côté sombre aujourd'hui que lorsque *L'Art de la guerre* a été publié pour la première fois.

De plus, Sun Tzu n'est pas un auteur ordinaire. S'il n'était qu'un simple général écrivain, nous n'aurions qu'un manuel aride décrivant des manœuvres de combat qui ne trouveraient aucun écho en dehors des cercles militaires. De même, le stratège attirerait uniquement notre attention sur des plans et des orientations et bien qu'ils soient sans aucun doute ingénieux pour leur époque, ces derniers n'auraient en soi que peu d'intérêt aujourd'hui. Et si tant est que Sun Tzu ne portait que la casquette de philosophe, il pourrait certainement captiver des érudits. Mais il est peu probable qu'un credo chinois antique sans contexte pourrait s'appliquer au XXIe siècle.

Au contraire, la qualité remarquable et le rayonnement dans l'espace et le temps de ce livre, concis mais puissant, repose sur le fait que Sun Tzu était tout cela à la fois : écrivain, général, stratège et philosophe.

Sun Tzu fusionne toutes ses compétences pour produire quelque chose de tout à fait unique : une épopée brève qui mêle légendes et faits, logique et émotion, poésie et prose, pour élever *L'Art de la guerre* à quelque chose qui va bien au-delà de la somme de ses mots, pour exister dans un état distinct de vérité profonde et de permanence.

Le texte montre la perspicacité et l'incroyable capacité de l'auteur à pénétrer dans ce qui est confus et obscur, pour y dissiper le brouillard et ramener de l'ordre dans le chaos de la condition humaine, afin de créer une œuvre emblématique. Et comme tous les chefs-d'œuvre, il n'aspire à rien et pourtant, il y parvient sans effort.

Le fait qu'il ait été rédigé il y a si longtemps fait partie du secret de son charme intemporel. Sa longévité même et sa formule éprouvée expliquent pourquoi il inspire tellement confiance. Dans un monde où tout un chacun diffuse des informations et où pourtant, très peu écoutent, c'est ce qui lui permet de briller à travers le bruit de fond. Il apporte une garantie de qualité aux chefs d'entreprise à la recherche de conseils auprès d'une source sans arrière-pensée.

Et parce que Sun Tzu est mort depuis longtemps et ne possède aucun patrimoine bénéficiant d'une marque soigneusement entretenue, il ne peut y avoir aucune arrière-pensée. Cela est très rassurant.

Cependant, avec les profonds changements de mentalités qui transforment de manière exceptionnelle la perception de la société occidentale et qui s'expriment sur le marché, la pertinence des mots de Sun Tzu pourrait-elle être bientôt dépassée ? Quelle valeur ou quelle application pourraient avoir des déclarations anciennes provenant d'un lieu et d'une époque lointains pour les chefs d'entreprises actuels luttant de plus en plus pour parler avec sincérité et conviction à un monde multiple qui professe la maxime « soyez vous-même » ?

Est-il concevable que *L'Art de la guerre* puisse encore occuper la première place, une place d'honneur dans les bibliothèques des entreprises dans 2 500 ans ?

Il y a de bonnes raisons de le penser. En effet, quelles que soient les menaces auxquelles la condition humaine est confrontée, les progrès technologiques qu'elle réalise, les aléas des fortunes des progressistes et des traditionalistes, cette condition humaine est une constante. Ce sont de ces caractéristiques, ces limites et ces expériences dont nous parle Sun Tzu et que les chefs d'entreprise cherchent avec avidité à mieux connaître.

Cela ne diminue en rien la capacité des écrits de Sun Tzu à délivrer des propos éclairés si les leaders d'aujourd'hui doivent répondre de leurs actes d'une manière qu'il aurait eu du mal à comprendre ou si la diversité et l'inclusion sont devenues des maîtres mots essentiels pour n'importe quel chef voulant aller de l'avant. Bien que cela serait exagéré d'imaginer le Sun Tzu de la Chine antique porter les couleurs de l'obligation de rendre des comptes ou de l'égalité des chances – étant donné les paramètres rigides de la société dans laquelle il vivait –, pour transposer ses écrits dans le contexte commercial actuel, nous pouvons assurément reconnaître son plaidoyer sous-jacent pour ce qui améliorerait l'efficacité.

L'Art de la guerre parle du besoin de reconnaître le talent et de récompenser les réalisations. Toutefois, il est clair que de nombreuses hiérarchies d'entreprise actuelles installant un plafond de verre empêchent que cela se produise à grande échelle. Cela signifie que les firmes en question se placent d'elles-mêmes inutilement en situation désavantageuse. Si les clients exigent davantage de bienveillance et d'empathie de la part des entreprises en contrepartie de leurs activités, cela paraît singulièrement contre-productif de remplir un conseil d'administration exclusivement d'hommes issus d'une population restreinte.

L'Art de la guerre est sous-tendu du début à la fin par la promotion du précepte selon lequel « l'excellence suprême est de vaincre l'ennemi sans même se battre ». Ceux qui sont aujourd'hui engagés dans une résistance passive à l'oppression pourraient transmettre un tel message. Un refus de se conformer aux exigences à grande échelle dans une opposition collective non violente à l'autorité peut s'avérer un moteur de changement hautement efficace et illustrer magnifiquement la notion que les meilleurs combats sont ceux que l'on évite.

Évidemment, les protestations pourraient être violemment réprimées par ceux qui souhaitent préserver le statu quo qui les a si bien servis mais à d'autres moments, elles pourraient annoncer pas moins qu'une nouvelle aube dans l'histoire. L'astuce – comme le dit clairement *L'Art de la guerre* – est de bien connaître l'ennemi, de connaître ses propres objectifs et de connaître ses propres limites.

Il en va de même pour le leader. Les meilleurs d'entre eux sauront quand ils ne seront plus à la hauteur et qu'il est temps de laisser la place à du sang neuf. Au début de 2023, aussi bien la première ministre néo-zélandaise Jacinda Ardern que la première ministre écossaise Nicola Sturgeon ont exactement agi ainsi, à quelque temps d'intervalle. La première reconnaissait qu'elle n'avait plus l'énergie nécessaire pour gouverner tandis que la seconde admettait les effets physiques et mentaux néfastes liés à une longue occupation de ce poste, à tel point qu'elle ne se sentait plus capable de s'acquitter de sa charge à un niveau satisfaisant.

Ces rares manifestations d'humanité de la part d'individus exerçant un tel pouvoir démontrent une profonde compréhension, digne de *L'Art de la guerre*, selon laquelle le leadership est un service, pas une domination. Espérons qu'elles montreront la voie à d'autres dirigeants en situation de stress.

En politique comme dans les affaires, tous les ingrédients sont là pour plonger le leader dans un état d'agitation permanent s'il est incapable de contrôler ses émotions et de conserver une concentration mentale constante. *L'Art de la guerre* explique ce qu'il faut faire pour être un chef efficace mais il admet en même temps que le leadership est une vocation dévorante. Celle-ci exige que le leader soit en permanence attentif aux manœuvres de ses adversaires, afin d'anticiper leur prochaine action et de prendre des décisions pour parer au mieux d'éventuels coups.

L'œuvre de Sun Tzu parle également du besoin de « se connaître soi-même ». Par conséquent, la capacité pour un chef à reconnaître que son heure est venue est certainement l'expression moderne parfaite de cette connaissance de soi-même et elle témoigne d'un niveau élevé d'introspection. De même, *L'Art de la guerre* ne supporterait pas le leader qui serait resté en poste malgré la perte de sa concentration, mettant ainsi en péril la destinée de l'armée – dans les exemples évoqués ci-dessus, les électorats de la Nouvelle-Zélande et de l'Écosse.

Les conventions sociales de l'époque ne remettent absolument pas en question l'efficacité de *L'Art de la guerre*, de la même manière que de nombreux croyants ne rejettent pas les messages sous-jacents des textes religieux uniquement parce qu'un certain nombre des contextes antiques sont aux antipodes des codes actuels. En réalité, il suffit de regarder quelques années en arrière pour voir à quel point les usages changent vite.

Le texte de Sun Tzu porte sur l'éveil et le renouveau spirituels, les émotions, les aspirations, l'apprentissage, la réflexion, le conflit, la moralité et la façon dont les gens se comportent vis-à-vis des autres et d'eux-mêmes. Autrement dit, des préoccupations intemporelles se manifestant sur les champs de bataille des échanges commerciaux.

Dans un monde foisonnant d'interfaces et de menaces existentielles, on a probablement plus besoin que jamais de la sagesse et de l'éclairage de *L'Art de la guerre*. Le chef d'entreprise d'aujourd'hui doit traiter un nombre considérable de dynamiques afin de positionner avec succès son entreprise pour les gens, pour la planète et en même temps, pour recueillir des bénéfices. Ce n'est pas une mince affaire.

Même certains des P.-D.G. les plus formidables en apparence quittent leurs fonctions ou s'accordent du temps à cause du stress, de la dépression ou de l'épuisement extrême. D'autres recherchent désespérément de l'aide mais l'aura de résilience qu'ils doivent traditionnellement projeter est telle qu'ils répugnent à partager leurs combats. Dans le livre, petit mais puissant, de Sun Tzu, ils peuvent trouver des clés pour ne pas se laisser déborder.

L'espérance de vie et les attentes en matière de qualité de vie sont nettement plus élevées qu'elles ne l'étaient à l'époque où *L'Art de la guerre* a été écrit et pourtant, la vie moderne ne tient pas sa promesse. Le conflit n'est peut-être pas d'ordre militaire la plupart du temps mais les batailles personnelles sont nombreuses et âpres – à la fois avec les autres et avec soi-même. Par conséquent, malgré toutes les avancées apparentes, un dirigeant d'entreprise actuel ne semble pas meilleur dans la planification, l'évaluation, la négociation, l'engagement dans une concurrence fonctionnelle et saine, la création de relations mutuellement respectueuses ni dans l'exercice de l'humilité qu'il ne l'était même avant l'époque de Sun Tzu.

Mais la situation n'est pas désespérée. On peut obtenir de l'aide si on le souhaite. La majorité pensera mieux savoir que les autres et refusera toute assistance mais comme ils l'ont fait tout au long de l'histoire, les humbles solliciteront la sagesse de *L'Art de la guerre* et s'en serviront à la fois comme d'un point de départ et d'une boussole permanente pour accomplir un voyage initiatique de toute une vie. Grâce à cette ardeur à se perfectionner, à améliorer leur sort et celui des autres, ils éclaireront le moindre recoin de leur vie.

Ce sont eux qui deviendront les grands leaders de demain par qui le troupeau éternel cherchera à être guidé.

Pour les dirigeants d'entreprise d'aujourd'hui, le combat à venir sera autant de gérer l'évolution des relations avec les intervenants principaux, comme les clients, les employés, les actionnaires, les investisseurs et la communauté plus large dans laquelle opère leur entreprise, que de le faire en situation de concurrence. Bien que cela ressemble à un champ de bataille plus bienveillant, des attentes toujours plus élevées et des exigences de plus en plus fortes compliqueront certainement plus que jamais le travail du leader. La nécessité de relire les mots de sagesse de *L'Art de la guerre* sera donc aussi grande.

Achevé d'imprimer en avril 2025
sur les presses de la Nouvelle Imprimerie Laballery
58500 Clamecy
Dépôt légal : avril 2025
Numéro d'impression : 503553

Imprimé en France

La Nouvelle Imprimerie Laballery est titulaire de la marque Imprim'Vert®

Composition : Soft Office